a b c d e f g h i j k l m n o p q r s t u v w x y z

Mon premier dictionnaire

Texte de Rachel Wardley et Jane Bingham

Conception graphique de Susie McCaffrey
assistée de Sue Grobecker

Adaptation française de Martine Faubert
assistée de Maryse Forget

Illustrations de Teri Gower
et de Stuart Trotter

Photographies : Mark Mason Studio

Conseiller : John McIlwain

Comment trouver un mot

Dans un dictionnaire, les mots sont présentés par ordre alphabétique, de A à Z. Pour trouver le mot « nature », par exemple, c'est simple. Tu sais que ce mot commence par la lettre « n ».

1 Tu cherches la lettre « n » dans un rond de couleur dans l'alphabet sur le côté des pages de ton dictionnaire.

2 Tu trouves ainsi les pages des mots qui commencent par la lettre « n ».

3 Tu regardes maintenant en haut de la page pour trouver les deux premières lettres du mot « nature ».

4 Tu lis la liste des mots qui commencent par « na » jusqu'à ce que tu trouves « nature ».

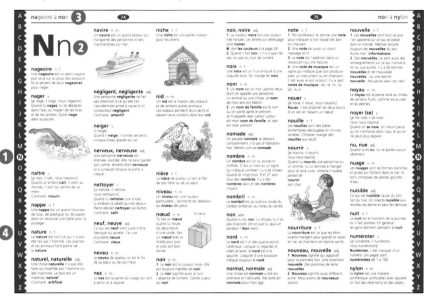

Comment lire le dictionnaire

Dans un dictionnaire, tu peux apprendre une foule de choses sur le sens des mots et la façon de les utiliser dans des phrases.

Tu peux vérifier l'orthographe d'un mot.

Tu peux apprendre le sens d'un mot.

aventure n. f.

1. Une **aventure** est ce qui arrive d'imprévu; c'est une suite d'événements. Certaines **aventures** peuvent être dangereuses. *La découverte de ce trésor a été toute une aventure.*

2. Dire la **bonne aventure**, c'est prédire l'avenir. *Une voyante m'a dit la bonne aventure.*

Tu peux te faire expliquer un autre sens du mot.

Tu peux voir comment on utilise le mot dans une phrase.

Comment en apprendre plus

Des mots de remplacement te sont proposés pour améliorer tes rédactions.

gros adj.
Ce qui est **gros** occupe beaucoup de place. Autres mots : **énorme**, **épais**, **grand**, **immense**, **large**

Un mot (ou plus) de sens opposé t'est indiqué.

agréable adj.
Une chose **agréable** est une chose que tu apprécies, que tu aimes. *Nous avons fait une promenade agréable.* Contraire : **désagréable**

D'autres formes que peut prendre le verbe sont présentées.

chanter v.
[je chante, il chante, nous chantons]
Quand tu **chantes**, tu fais de la musique avec ta voix.

La définition d'un mot est souvent complétée par une image.

marguerite n. f.
Une **marguerite** est une fleur avec des pétales blancs et un cœur jaune.

Les abréviations

un nom féminin	n. f.
un nom masculin	n. m.
pluriel	pl.
un adjectif	adj.
un verbe	v.
un adverbe	adv.
une préposition	prép.
un pronom	pron.
une conjonction	conj.
une locution conjonctive	loc. conj.
une locution prépositive	loc. prép.
une locution adverbiale	loc. adv.
une interjection	interj.
invariable	inv.

Voici plusieurs jeux de lettres et de mots, dont tu trouveras les réponses à la page 120. Pour faire les deux premiers jeux, tu dois savoir classer les mots par ordre alphabétique. Tu peux apprendre à le faire en lisant le texte qui suit. L'alphabet imprimé sur le côté de la page te servira de guide.

L'ordre alphabétique

Pour classer des mots dans l'ordre alphabétique, il faut d'abord regarder leur première lettre, puis leur deuxième, puis leur troisième et ainsi de suite.

Par exemple, tu prends les mots **beau**, **abeille**, **bagage**, **béton**, **bec** et **bétail**, et tu les mets en ordre alphabétique comme ceci :

abeille	**a** est avant **b**
bagage	**b**a est avant **be**
beau	**be**a est avant **bec**
bec	**bec** est avant **bét**
bétail	**bét**a est avant **bét**o
béton	

L'alphabet des animaux

Peux-tu classer les noms des animaux suivants par ordre alphabétique ?

crocodile

chimpanzé

ours

poule

crabe

chenille

castor

Tu peux composer toi-même une liste de mots et, ensuite, les mettre par ordre alphabétique.

Les lettres mélangées

Pour trouver les vrais mots qui se cachent derrière ces groupes de lettres mélangées, il te suffit de remettre les lettres de chacun dans l'ordre alphabétique.

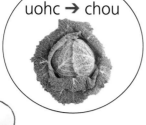

uohc ➜ chou

ouc

cur

llôa

iothc

riga

tra

oulc

oujib

tnec

Peux-tu trouver d'autres mots semblables ?

Les mots mélangés

Construis une phrase avec les mots qui se trouvent autour du tournesol.

Chatte La Chatou Fido brave le autour inlassablement tournesol du gigantesque pourchasse.

Le sens exact

Pour chaque mot ci-dessous, lequel des sens proposés est le bon ? Quand tu auras décidé, vérifie dans ton dictionnaire si ta réponse est la bonne.

bulbe
1. Un bulbe est un petit objet décoratif.
2. Un bulbe est la partie arrondie souterraine de certaines plantes.
3. Un bulbe est un livre très épais.

mystérieux
1. Une chose mystérieuse est pointue et coupante.
2. S'il fait mystérieux, le temps est très mauvais.
3. Ce qui est mystérieux est difficile à comprendre ou à expliquer.

contagieux
1. Une banane contagieuse n'a pas très bon goût.
2. Une maladie contagieuse est une maladie que tu peux donner à quelqu'un ou attraper d'une autre personne.
3. Un livre contagieux est un livre très important.

neveu
1. Le neveu de quelqu'un est le fils de sa sœur ou de son frère.
2. Le neveu de quelqu'un est le frère de sa mère.
3. Le neveu de quelqu'un est le frère de son père.

dessert
1. Un dessert est un endroit très chaud où très peu de plantes poussent.
2. Un dessert est quelqu'un qui se sent très seul.
3. Un dessert est un aliment ou un mets sucré que l'on mange à la fin d'un repas.

Le mot juste

Avec ton dictionnaire, tu peux répondre aux questions qui suivent. Cherche d'abord dans le dictionnaire avant de regarder les réponses à la page 120.

1 Quel mot désigne un petit animal à fourrure ou un petit appareil qu'on utilise pour bouger un point désigné sur un écran d'ordinateur ? *Va voir à la page 77.*

2 Quel insecte a le corps rayé de jaune et de noir ? *Va voir à la page 1.*

3 Quel est le contraire de « décoller » ? *Va voir à la page 7.*

4 Quels autres mots peux-tu utiliser à la place de gros ? *Va voir à la page 53.*

5 Comment appelle-t-on les tiges séchées de certaines plantes ? *Va voir à la page 78.*

6 Comment appelle-t-on une aptitude particulière pour quelque chose ? *Va voir à la page 107.*

7 Que sont les maracas ? *Va voir à la page 59.*

8 Quels autres mots peux-tu employer à la place de « triste » ? *Va voir à la page 112.*

9 Qu'est-ce qui danse dans le vent, attaché à une longue ficelle ? *Va voir à la page 20.*

10 Qu'est-ce qui ressemble à une bicyclette, mais qui est très lourd et a un moteur ? *Va voir à la page 73.*

11 Comment appelle-t-on un groupe de personnes qui chantent ensemble ? *Va voir à la page 23.*

12 Qu'est-ce qu'une présentation d'objets choisis que les gens viennent voir ? *Va voir à la page 44.*

Des mots qui riment

Un mot rime avec un autre quand il se termine par le même son. Par exemple, gâteau rime avec bateau. Complète ce poème avec des mots qui riment avec le mot souligné juste au-dessus ou juste au-dessous, et écris-les sur les pointillés.

Le dragon vorace

« Chevalier, dit le dragon,
Vous êtes bon à manger tout _____ !
En tartine avec de la marmelade
Ou en rôti avec de la _____. »

Le chevalier effrayé se met à _____ :
« Non, non, vous le regretteriez,
Car mon armure
Sous vos dents serait trop _____.
Des œufs sur le _____
Vous feraient un meilleur repas. »

Reporte-toi à la page 87.

Dans ce dictionnaire, tu peux apprendre à utiliser les mots de toutes sortes de façons. La liste qui suit te propose plusieurs genres de textes. Va voir à la page indiquée, pour avoir un modèle.

carte postale

Cher Arsène,

Tu ne peux pas imaginer quelle chaleur il fait ici! La mer est extraordinairement bleue et transparente. Nous nous baignons tous les jours. J'ai ramassé beaucoup de coquillages.

À bientôt.
Lucie

Arsène Lupin
7, rue des Cambrioleurs
Trésorville

Les mots manquants

Dans l'histoire qui suit, peux-tu ajouter les mots qui manquent ? Choisis parmi les mots proposés dans l'encadré. L'histoire complète est à la page 120.

Un beau jour d'été, un corbeau du nom de Gaspard avait _____ et cherchait à boire. Le _____ était à sec, et il n'y avait plus d'eau nulle part. Au loin, il aperçoit un _____ sur une table, dans un jardin. Il décide d'aller y voir de plus près.

soif	lourd	cailloux
ruisseau		bord
	idée	
pichet		travaillé
atteindre	bec	lâche

— Ah ! Il y a de l'eau au fond, dit-il. Mais je ne peux pas l'_____ .

Gaspard a de plus en plus soif. Il essaie alors de renverser le pichet, mais celui-ci est trop _____ pour lui. Soudain, il a une _____ . Il vole vers un tas de cailloux et en saisit un dans son _____ .
Ensuite, il revient vers le pichet et y _____ son caillou.
Il retourne en chercher un autre, puis un autre, puis encore un autre. Finalement, il met tant de _____ dans le pichet que l'eau remonte jusqu'au _____ . Il ne lui reste plus qu'à la boire.

— J'ai bien _____ , et ça en valait la peine ! s'écrie alors Gaspard avec fierté.

Aa

abeille n. f.
Une **abeille** est un
insecte au corps rayé
de jaune et de noir.
Les **abeilles** produisent du miel.

abri n. m.
Un **abri** est un endroit où on est au
sec et en sécurité.

abrupt, abrupte adj.
Une pente **abrupte** est une pente
très raide.

absent, absente adj.
Si quelqu'un est **absent**, c'est qu'il
n'est pas là. *Sabine était **absente**
de l'école aujourd'hui, car elle était
malade.*
Contraire : **présent**

accepter v.
[j'accepte, il accepte, nous acceptons]
Quand tu **acceptes** une chose, tu la
prends parce qu'on te l'offre. *Léa a
accepté mon aide. Paul a accepté
un bonbon de sa tante.*
Contraire : **refuser**

accident n. m.
Quand quelque chose de malheureux
arrive et qu'on ne s'y attend pas, c'est
un **accident**. *Rose a eu un **accident**
de ski et s'est cassé une jambe.*

accord n.m.
1. Un **accord** est une entente. *D'un
commun **accord**, papa et moi avons
décidé d'aller au cinéma.*
2. Être **d'accord** avec quelqu'un,
c'est avoir la même opinion que lui.
Contraire : **désaccord**

accueillir v.
[j'accueille, il accueille,
nous accueillons]
Quand on **accueille** quelqu'un, on
est là lorsqu'il arrive. *Claire a couru
au-devant de ses grands-parents
pour les **accueillir**.*

accuser v.
[j'accuse, il accuse, nous accusons]
Quand tu **accuses** quelqu'un, tu dis
qu'il a fait quelque chose de mal.
*Alexandre **a accusé** son frère d'avoir
cassé sa raquette.*

acheter v.
[j'achète, il achète, nous achetons]
Quand tu **achètes** un objet, tu payes
pour l'obtenir. *Karine **a acheté** un
cerf-volant.*
Contraire : **vendre**

acier n. m.
L'**acier** est un métal dur. Il est fait
avec du fer.

activité n. f.
Une **activité** est ce qu'on fait pour
s'occuper. *Mon **activité** préférée est
la lecture.*

addition n. f.
Une **addition** est une opération
mathématique où on ajoute des
nombres à d'autres nombres.
Contraire : **soustraction**

5+7=12

admirer v.
[j'admire, il admire, nous admirons]
Si tu **admires** quelqu'un ou quelque
chose, tu le trouves très bien, très
beau. *J'**admire** les photos de mon
père.*

adolescent n. m.,
adolescente n. f.
Un **adolescent** ou une **adolescente**
est une personne qui a entre 13 et
19 ans.

adopter v.
[j'adopte, il adopte, nous adoptons]
Quand on **adopte** un enfant, on
devient le père ou la mère de cet
enfant. Ce dernier devient un
membre de la famille.

adorable adj.
Une personne **adorable** est gentille,
charmante, jolie ; elle a beaucoup de
qualités. *Alexie est **adorable**.*

adresse n. f.
Une **adresse**, c'est le nom de
l'endroit où on habite.

Madame Rose Lavigne
12, rue Laverdure
Lilasville

adulte n. m. et f.
Un **adulte**, c'est une grande
personne.

aéroport n. m.
Un **aéroport** est un endroit d'où
les avions s'envolent et où ils
atterrissent.

affamé, affamée adj.
Les gens qui sont **affamés** souffrent
de la faim.

affiche n. f.
Une **affiche** est un grand dessin
ou une grande photo qu'on colle
ou qu'on accroche au mur. *Kevin
a couvert les murs de sa chambre
d'**affiches** de cinéma.*

affoler (s') v.
[je m'affole, il s'affole,
nous nous affolons]
Quand tu **t'affoles**, tu éprouves
une peur soudaine et tu perds la
tête. *Noémie **s'est affolée** parce
qu'elle avait perdu sa maman de
vue au supermarché.*

affreux, affreuse adj.
1. Une chose est **affreuse** si elle est
effrayante ou très laide. *J'ai fait un
affreux cauchemar. Cette veste est
affreuse.*
Autre mot : **horrible**
Contraires : **beau**, **magnifique**
2. S'il fait un temps **affreux**, c'est
qu'il fait très mauvais.

âge n. m.
L'**âge** est le nombre d'années qui se
sont écoulées depuis ta naissance.

agenouiller (s') v.
[je m'agenouille, il s'agenouille,
nous nous agenouillons]
Quand tu **t'agenouilles**, tu mets tes
deux genoux par terre.

agir v.
[j'agis, il agit, nous agissons]
1. Quand tu **agis**, tu fais quelque
chose. *Il faut toujours réfléchir avant
d'agir.*
2. **Mal agir**, c'est mal se conduire.
*Mentir, c'est **mal agir**.*

agité, agitée adj.
Une personne **agitée** bouge
beaucoup. *Les enfants étaient très
agités avant le dîner.*
Contraires : **calme**, **tranquille**

agiter v.
[j'agite, il agite, nous agitons]
Quand tu **agites** un objet, tu le fais
bouger de haut en bas et de gauche
à droite. *Il faut bien **agiter** la
bouteille de jus d'orange avant de
l'ouvrir.*

agneau n. m.
L'**agneau** est le petit du mouton.

agréable adj.
Une chose **agréable** est une chose
que tu apprécies, que tu aimes. *Nous
avons fait une promenade **agréable**.*
Contraire : **désagréable**

aider v.
[j'aide, il aide, nous aidons]
Quand tu **aides** une personne, tu
fais quelque chose d'utile pour elle.
*Lorraine **aide** son père à monter la
tente.*

aigle n. m.
Un **aigle** est
un grand
oiseau avec
un bec crochu
et des griffes
acérées. Les
aigles chassent
et mangent
de petits
animaux.

aigu, aiguë adj.
Une voix **aiguë** est une voix très
haute. *Les petites filles et les petits
garçons ont des voix **aiguës** quand
ils chantent.*
Contraires : **bas**, **grave**

aiguille n. f.
1. Une **aiguille** est un
morceau de
métal très
mince et très
pointu. On passe le
fil par le chas de l'**aiguille**.
2. Les **aiguilles à tricoter** sont de
longues tiges de plastique ou de
métal. On utilise des **aiguilles à
tricoter** pour confectionner des
vêtements en laine.

aiguisé, aiguisée adj.
Un objet **aiguisé** est un objet qui
coupe facilement. *Les ciseaux sont
bien **aiguisés**.*
Autre mot : **pointu**

aile n. f.
Les **ailes** permettent aux oiseaux et
aux insectes de voler. Les avions ont
aussi des **ailes**.

aimable adj.
Une personne **aimable** est une
personne polie, gentille, qui rend
service.

aimant n. m.
Un **aimant** est un
morceau d'un métal
particulier qui attire
les objets en fer ou
autre métal. Ces
objets collent à
l'**aimant**.

aimer v.
[j'aime, il aime, nous aimons]
1. Si tu **aimes** une personne,
c'est qu'elle t'est chère.
2. Quand tu **aimes** une chose,
tu prends plaisir à la faire. *Amélie
aime patiner.*
Contraire : **détester**

air n. m.
1. L'**air**, c'est ce qu'on respire. Tu ne
le vois pas, mais il est partout.
2. Regarder **en l'air**, c'est regarder
vers le ciel.
3. Un **air**, c'est aussi un groupe de
notes de musique arrangées d'une
manière harmonieuse.

ajouter v.
[j'ajoute, il ajoute, nous ajoutons]
1. Quand tu **ajoutes** quelque chose,
tu en mets plus. ***Ajoute** encore un
sucre dans mon café.*
2. Quand tu fais une addition,
tu **ajoutes** un nombre à un autre.

ajusté, ajustée adj.
Un vêtement **ajusté** dessine la taille,
les formes.
Autre mot : **serré**
Contraire : **lâche**

alarme n. f.
Un signal d'**alarme** est un bruit très
fort. Il te réveille ou t'avertit d'un
danger.
Autre mot : **alerte**

album n. m.
1. Un **album** est un grand livre avec
des pages blanches. On peut le
remplir avec des photos ou des
timbres.

2. C'est aussi un livre avec beaucoup
d'images. *J'ai acheté un **album** de
bandes dessinées.*

algue n. f.
Une **algue** est une plante qui vit dans l'eau. Il y a plusieurs sortes d'**algues**.

aliment n. m.
Un **aliment** est ce qui sert à nourrir un être vivant.

aller v.
[je vais, tu vas, il va, nous allons, vous allez, ils vont]
1. Quand tu **vas** quelque part, tu te rends à cet endroit. *Va réfléchir dans ta chambre !*
2. Si une chose **va** dans un endroit, c'est que c'est sa place. *Les bottes vont dans le placard.*
3. Quand une chose **va** arriver, c'est qu'elle se produira très bientôt. *La nuit va tomber.*
4. Aller bien ensemble. Si deux ou plusieurs choses **vont bien ensemble**, cela signifie qu'elles créent un joli effet quand elles sont rassemblées. *Le chapeau, l'écharpe et les gants de Jessica sont de la même couleur ; ils vont bien ensemble.*

5. Aller mieux. Si tu **vas mieux**, c'est que tu n'es plus malade.
6. Un vêtement qui te **va** est à ta taille.

alligator n. m.
Un **alligator** est un reptile qui ressemble au crocodile, mais dont la tête est plus plate et la mâchoire plus courte.

allô interj.
Tu dis **allô** quand tu réponds au téléphone.

allumer v.
[j'allume, il allume, nous allumons]
1. Quand tu **allumes** un feu, tu fais brûler des objets. *Maman a allumé un feu de bois.*
Contraire : **éteindre**
2. Quand tu **allumes** un appareil, tu le fais fonctionner.

allumette n. f.
Une **allumette** est un petit morceau de bois avec un bout particulier. Elle s'enflamme quand on frotte ce bout sur une surface râpeuse.

alphabet n. m.
L' **alphabet** est l'ensemble des lettres qu'on utilise pour écrire des mots. Les lettres de l'**alphabet** sont dans un ordre particulier.

ambulance n. f.
Une **ambulance** est un véhicule qui transporte les malades et les blessés à l'hôpital.

améliorer (s') v.
[je m'améliore, il s'améliore, nous nous améliorons]
Quelque chose qui s'**améliore**, c'est quelque chose qui change en mieux. *J'ai bien étudié et mon orthographe s'est améliorée.*
Contraire : **empirer**

amer, amère adj.
Un goût **amer** est un goût fort et pas sucré. L'écorce d'orange est **amère**.
Contraire : **doux**

ami n. m., amie n. f.
Un **ami** est quelqu'un que tu aimes et qui t'aime aussi. *Marc et son ami s'amusent ensemble.*
Contraire : **ennemi**

amical, amicale adj.
Une personne **amicale** aime rencontrer des gens et est gentille avec eux.

amoureux, amoureuse adj.
Quand on est **amoureux** de quelqu'un, on l'aime beaucoup.

ampoule n. f.
1. Une **ampoule** éclaire lorsque tu allumes la lumière. Les **ampoules** sont en verre.
2. Une **ampoule** est aussi une petite poche de liquide sous la peau. *Mes chaussures sont trop petites, elles me font des ampoules aux pieds.*

amusant, amusante adj.
Une activité **amusante** est drôle, elle fait rire.
Contraire : **ennuyeux**

amygdale n. f.
Les **amygdales** sont deux petits organes situés au fond de la bouche. *Je me suis fait enlever les amygdales, car elles s'étaient infectées.*

ananas n. m.
Un **ananas** est un gros fruit ovale avec une peau dure et rugueuse, et des feuilles piquantes à son sommet.

ancre n. f.
Une **ancre** est un gros crochet de métal très lourd, fixé au bout d'une longue chaîne qui est attachée à un bateau. Lorsque l'**ancre** est jetée à l'eau, elle s'immobilise au fond et empêche le bateau de bouger.

âne n. m.
Un **âne** est un animal qui ressemble à un petit cheval. Les **ânes** ont de longues oreilles et un pelage gris.

animal n. m.
Un **animal** est un être vivant capable de se déplacer et de respirer. Les chevaux, les lézards, les poissons, les oiseaux et les insectes sont des **animaux**. Les plantes et les pierres ne sont pas des **animaux**.

année n. f.
Une **année** est une période de douze mois. *Cela fait maintenant une **année** que j'habite dans cette maison.*
Autre mot : **an**

anniversaire n. m.
Ton **anniversaire**, c'est le rappel, chaque année, du jour de ta naissance. *Tous les ans, tu reçois des cadeaux à ton **anniversaire**.*

anxieux, anxieuse adj.
Une personne **anxieuse** s'inquiète toujours de tout.
Autre mot : **soucieux**

apercevoir v.
[j'aperçois, il aperçoit, nous apercevons]
Quand tu **aperçois** une chose, tu la remarques avec tes yeux. *Jacques **a aperçu** des champignons vénéneux dans le sous-bois.*

apparaître v.
[j'apparais, il apparaît, nous apparaissons]
Si quelque chose **apparaît**, on peut le voir. *Deux colombes **sont apparues** devant les yeux des spectateurs.*
Contraire : **disparaître**

appareil n. m.
1. Un **appareil** est une machine ou un instrument qui sert à quelque chose. *L'aspirateur est un **appareil** électroménager. Claude porte un **appareil** pour redresser ses dents.*
2. Un **appareil photo** sert à prendre des photos. *Grâce à mon **appareil photo**, j'ai de beaux souvenirs de mes vacances.*

les animaux marins

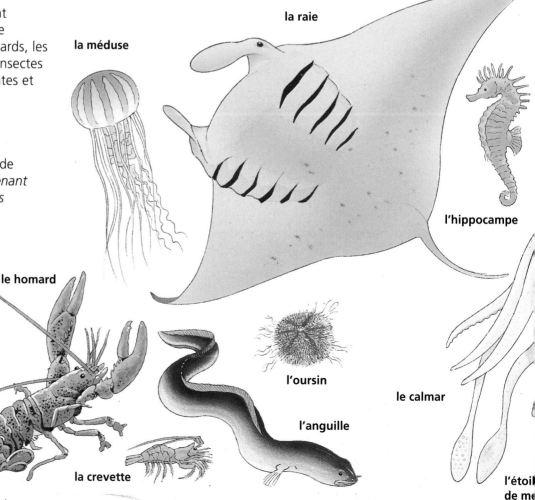

la méduse

la raie

l'hippocampe

le homard

l'oursin

le calmar

l'anguille

la crevette

l'étoil
de me

appartement n. m.
Un **appartement** est un logement dans un immeuble.

appartenir v.
[j'appartiens, il appartient, nous appartenons]
Si une chose t'**appartient**, elle est à toi. *Ce chapeau m'appartient.*

appeler v.
[j'appelle, il appelle, nous appelons]
1. Quand tu **appelles** un ami, tu cries son nom pour qu'il t'entende. *Papa nous appelait pour que nous rentrions dîner.*
2. Quand tu décides d'**appeler** ton chat Pilipili, tu lui donnes ce nom.
3. Si tu t'**appelles** Thomas, c'est que c'est ton nom.
4. Quand tu **appelles** un ami au téléphone, tu composes son numéro pour lui parler.

applaudir v.
[j'applaudis, il applaudit, nous applaudissons]
Quand tu **applaudis**, tu fais du bruit en frappant tes deux mains ensemble. On **applaudit** pour montrer qu'on est content ou qu'on a apprécié quelque chose, comme une pièce de théâtre ou un concert.

apporter v.
[j'apporte, il apporte, nous apportons]
Quand tu **apportes** un objet, tu le prends avec toi. *Demain, n'oublie pas d'apporter ton cahier de français.*

apprendre v.
[j'apprends, il apprend, nous apprenons]
Quand tu **apprends** une chose, tu la découvres, tu la comprends ou tu deviens capable de la faire. *Emma apprend à jouer au tennis.*

apprivoisé, apprivoisée adj.
Un animal **apprivoisé** n'est pas sauvage et ne fait pas de mal aux personnes. Les animaux **apprivoisés** peuvent être gardés à la maison.
Contraire : **sauvage**

appuyer v.
[j'appuie, il appuie, nous appuyons]
Quand tu **appuies** sur une chose, tu mets ton doigt dessus et tu pousses. *Pour allumer le téléviseur, il faut appuyer sur un bouton de la télécommande.*

après prép. et adv.
1. Si une chose se produit **après** une autre, elle se produit plus tard. *Après le dîner, nous sommes allés nous promener.*
Contraire : **avant**
2. Ce qui est **après** un endroit est situé plus loin. *Tournez à gauche après le cinéma.*
3. Courir **après** quelqu'un, c'est le poursuivre pour essayer de l'attraper. *Le chat court après la souris.*

après-midi n. m. ou f. inv.
L'**après-midi** est la période de la journée qui commence à midi et se termine vers 18 heures.

aquarium n. m.
1. Un **aquarium** est un grand bac de verre rempli d'eau. On y garde des poissons et d'autres animaux aquatiques.
2. Un **aquarium** est aussi un édifice où on peut voir des animaux marins.

arachide n. f.
L'**arachide** est le fruit de la plante tropicale du même nom dont on tire de l'huile.
Autre mot : **cacahuète** (ou **cacahouète**)

araignée n. f.
Une **araignée** est un petit animal à huit pattes. Les **araignées** tissent des toiles pour attraper des insectes.
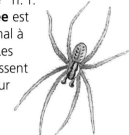

arbitre n. m.
Un **arbitre** s'assure que tous les joueurs respectent les règles d'un jeu.

arbre n. m.
Un **arbre** est une très grande plante qui a des feuilles, des branches et un tronc.

arbuste n. m.
Un **arbuste** est un petit arbre avec beaucoup de branches.

arc n. m.
Un **arc** est une arme qui sert à lancer des flèches.

arc-en-ciel n. m.
Un **arc-en-ciel** est une bande de plusieurs couleurs qu'on voit parfois dans le ciel lorsqu'il pleut en même temps que le soleil brille.

archet n. m.
La baguette qui sert à jouer du violon s'appelle un **archet**.
● *Voir les instruments de musique à la page 59*

A

argent n. m.
1. L'**argent** est un métal blanc et brillant qui a beaucoup de valeur. On fait des bijoux et certaines pièces de monnaie avec de l'**argent**.
2. L'**argent**, c'est aussi les pièces et les billets qui servent à acheter des choses.
3. L'**argent de poche** est l'argent que tes parents te donnent pour que tu puisses le dépenser à ta guise.

argile n. f.
L'**argile** est une roche terreuse. Lorsque l'**argile** est humide, on peut lui donner des formes variées. Lorsqu'elle sèche ou qu'on la fait cuire, elle durcit. *Katie a fait un pot en **argile***.

arme n. f.
Les soldats utilisent des **armes** quand ils se battent. *Les fusils et les épées sont des **armes***.

armée n. f.
Une **armée** est composée d'un grand nombre de soldats.

armoire n. f.
Une **armoire** est un meuble haut où on range du linge ou des vêtements. *Paul a rangé sa veste dans l'**armoire***.

armure n. f.
Une **armure** est un costume de métal qui protégeait les chevaliers autrefois.

arracher v.
[j'arrache, il arrache, nous arrachons]
1. **Arracher** signifie enlever de terre. *Arracher les pommes de terre*.
2. **Arracher** signifie aussi ôter, enlever. *Arracher un clou*.
3. Quand tu **arraches** un objet des mains de quelqu'un, tu le lui enlèves brusquement. *Benjamin m'**a arraché** le ballon des mains*.

arranger v.
[j'arrange, il arrange, nous arrangeons]
1. Quand tu **arranges** une chose, tu la places comme il faut. *Elle **arrange** les roses dans le vase*.
2. **Arranger** signifie également organiser. *Arranger un voyage ou une entrevue*.

3. **S'arranger**. Quand tu **t'arranges** pour faire une chose, tu agis de sorte que cette chose arrive. *Patricia s'**arrange** toujours pour arriver à l'heure*.

arrêter v.
[j'arrête, il arrête, nous arrêtons]
1. Quand tu **arrêtes** quelqu'un ou une chose, tu empêches la personne d'avancer ou d'agir, ou tu fais cesser la chose de fonctionner. *Papa **a arrêté** la voiture au bord de la route*.
2. Si tu **arrêtes** de chanter, c'est que tu ne le fais plus.
3. **S'arrêter**. Quand une chose **s'arrête**, elle cesse de bouger, de fonctionner. *La montre de Claudine **s'est arrêtée***.

arrière n. m.
L'**arrière** est la partie qui est derrière. *L'**arrière** de la voiture était encombré de valises*.
Contraire : **avant**

arrière adj. inv.
*Les feux **arrière** des voitures sont rouges*.

arrière adv.
*Ma petite sœur Claire ne marche pas vite; si on ne l'attend pas, elle reste en **arrière***.

arriver v.
[j'arrive, il arrive, nous arrivons]
1. Quand tu **arrives** quelque part, tu atteins un endroit après t'être déplacé. *Je **suis arrivé** à l'école à l'heure*.
2. Quand une chose **arrive**, c'est qu'elle a lieu, qu'elle se produit. *Il **est arrivé** un accident sur l'autoroute*.

art n. m.
Lorsqu'une personne crée une belle chose, elle fait de l'**art**. La peinture et le dessin sont des formes d'**art**.

article n. m.
1. Un **article** est un texte sur un certain sujet dans un journal ou une revue.
2. L'**article** est aussi le petit mot qui précède un nom.
Les **articles définis** sont : le, la, les.
Les **articles indéfinis** sont : un, une, des.

articulation n. f.
Une **articulation** est une partie du corps où se rejoignent deux os. Les coudes et les genoux sont des **articulations**.

ascenseur n. m.
Un **ascenseur** est une cabine qui monte et qui descend. Les **ascenseurs** transportent les gens d'un étage à un autre dans un immeuble.

aspirateur n. m.
Un **aspirateur** est un appareil qu'on utilise pour nettoyer le sol d'une pièce. *On passe l'**aspirateur** pour enlever la poussière et les saletés.*

aspirer v.
[j'aspire, il aspire, nous aspirons]
Quand tu **aspires** un liquide, tu l'attires dans ta bouche. *Héloïse **aspire** son jus de fruits avec une paille.*

assembler v.
[j'assemble, il assemble, nous assemblons]
Quand tu **assembles** un objet, tu en mets toutes les pièces ensemble. *Marion **a assemblé** le puzzle toute seule.*

asseoir (s') v.
[je m'assois, tu t'assois, il s'assoit, nous nous assoyons, vous vous assoyez, ils s'assoient
ou je m'assieds, tu t'assieds, il s'assied, nous nous asseyons, vous vous asseyez, ils s'asseyent]
Quand tu **t'assois**, tu poses tes fesses sur quelque chose. *André **s'est assis** dans l'escalier en attendant Robert.*

assez adv.
1. Si tu as **assez** de quelque chose, tu en as suffisamment. *As-tu **assez** d'argent ?*
2. Assez signifie aussi « plutôt ». *Il fait **assez** frais dehors.*

assiette n. f.
On met la nourriture dans des **assiettes**. En général, les **assiettes** sont rondes.

astronaute n. m.
Un **astronaute** est une personne qui voyage dans l'espace à bord d'une fusée.
Autre mot : **cosmonaute**

un astronaute

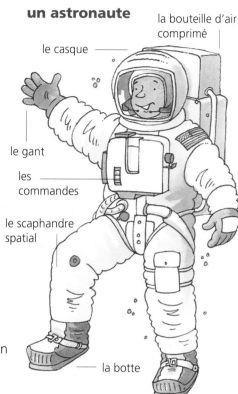
la bouteille d'air comprimé
le casque
le gant
les commandes
le scaphandre spatial
la botte

atlas n. m.
Un **atlas** est un livre de cartes géographiques.

attacher v.
[j'attache, il attache, nous attachons]
1. Quand tu **attaches** quelqu'un ou quelque chose, tu le fais tenir à autre chose au moyen d'une attache ou d'un lien. *Timothée **a attaché** la laisse au collier du chien.*
Contraire : **détacher**
2. Quand tu **attaches** un vêtement ou une ceinture, tu les fermes par des boutons ou une boucle. ***Attache** bien ton col pour ne pas avoir froid. **Attachez** vos ceintures, nous décollons.*

attaquer v.
[j'attaque, il attaque, nous attaquons]
Si quelqu'un **attaque** quelqu'un d'autre, il essaie de lui faire mal.

atteindre v.
[j'atteins, il atteint, nous atteignons]
1. Quand tu **atteins** un endroit, tu y arrives. *Il était très tard quand nous **avons atteint** notre hôtel.*
2. Quand tu **atteins** une chose, tu arrives à la toucher. *Antoine a dû sauter pour **atteindre** l'interrupteur.*

attendre v.
[j'attends, il attend, nous attendons]
Quand tu **attends**, tu ne fais rien avant qu'une certaine chose arrive. *Claire **a attendu** que la pluie cesse avant de sortir.*

attentif, attentive adj.
Si tu es **attentif**, c'est que tu fais attention.
Contraires : **distrait**, **négligent**

attention n. f.
Quand on fait **attention**, on écoute bien, on regarde bien et on pense à ce qu'on fait. *Benoît fait **attention** à ne pas renverser les verres.*

atterrir v.
[j'atterris, il atterrit, nous atterrissons]
Quand un avion **atterrit**, il descend pour se poser sur le sol.
Contraire : **décoller**

attirer v.
[j'attire, il attire, nous attirons]
Si une chose en **attire** une autre, elle la fait venir vers elle. *Un aimant* **attire** *les objets en fer.*

attraper v.
[j'attrape, il attrape, nous attrapons]
1. Quand tu **attrapes** un objet, tu le prends dans tes mains pendant qu'il vole dans les airs. *Julien court pour* **attraper** *la balle.*
2. Si tu **attrapes** un rhume, tu deviens malade.

aucun, aucune adj.
Aucun signifie pas un seul. *Aucun élève ne doit quitter la classe sans permission.*

auditoire n. m.
Un **auditoire** est l'ensemble des personnes qui écoutent quelque chose, comme un concert.

augmenter v.
[j'augmente, il augmente, nous augmentons]
Quelque chose qui **augmente** devient plus grand, plus important. *Les prix* **augmentent**.
Contraires : **diminuer**, **réduire**

authentique adj.
Une chose est **authentique** si elle n'est pas une copie. *Ce diamant est* **authentique**.
Autre mot : **vrai**

autobus n. m.
Familier : **bus**
Un **autobus** est un véhicule qui peut transporter beaucoup de personnes.

autocollant n. m.
Un **autocollant** est un morceau de papier qui colle, avec des images ou de l'écriture dessus. *Stéphanie a mis des* **autocollants** *d'animaux dans son album.*

automne n. m.
L'**automne** est une des quatre saisons de l'année. Il vient entre l'été et l'hiver. Les feuilles des arbres tombent en **automne**.

automobile n. f.
Une **automobile** est un véhicule à quatre roues et un moteur. Les gens se déplacent d'un endroit à un autre en **automobile**.
Autres mots : **auto, voiture**

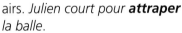

une automobile

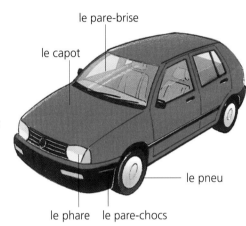

le pare-brise
le capot
le pneu
le phare   le pare-chocs

autoroute n. f. ou m.
Une (ou un) **autoroute** est une route très large où les voitures vont vite. Les gens peuvent parcourir rapidement de longues distances sur les **autoroutes**.

autour (de) loc. prép.
Autour de signifie en faisant le tour de. *La Lune tourne* **autour de** *la Terre.*

autre adj.
Une **autre** chose, c'est une chose différente. *Je n'aime pas le Monopoly. As-tu un* **autre** *jeu ?*

autre pron.
Lequel préfères-tu ? Ni l'un ni l' **autre**.

autrefois adv.
Autrefois signifie dans le passé.
Contraire : **aujourd'hui**

autruche n. f.
Une **autruche** est un grand oiseau avec un long cou et de longues pattes. Les **autruches** courent très vite, mais elles ne peuvent pas voler.

avaler v.
[j'avale, il avale, nous avalons]
Quand tu **avales** une chose, tu la fais descendre de ta bouche vers ton estomac.

avance n. f.
Si tu arrives en **avance**, tu arrives avant l'heure où on t'attendait. *Suzie était en* **avance** *à son cours de piano.*
Contraire : **retard**

avancer v.
[j'avance, il avance, nous avançons]
Quand tu **avances**, tu te déplaces vers l'avant. *Gabriel* **avance** *vers la balle.*
Contraire : **reculer**

avant n. m.
L'**avant** de quelque chose est la partie qui vient en premier. *Karine s'est assise à l'* **avant** *de l'autobus.*
Contraire : **arrière**

avant prép.
Si une chose arrive **avant** une autre, elle se produit en premier. *Marc et Josée sont partis* **avant** *moi.*
Contraire : **après**

avare n. m.
Un **avare** veut avoir toujours plus d'argent et n'en dépense presque pas. Un **avare** n'est pas une personne généreuse.

avare adj.
Il est très **avare** *de compliments : il en fait peu.*

avec prép.

1. Si tu es **avec** quelqu'un, tu te trouves en sa compagnie. *Maryse travaille **avec** Martine.*

2. Quand tu manges **avec** ta fourchette, tu manges au moyen de celle-ci.

3. Si tu as un manteau **avec** une fermeture éclair, c'est que ton manteau en possède une.

aventure n. f.

1. Une **aventure** est ce qui arrive d'imprévu ; c'est une suite d'événements. Certaines **aventures** peuvent être dangereuses. *La découverte de ce trésor a été toute une **aventure**.*

2. Dire la **bonne aventure**, c'est prédire l'avenir. *Une voyante m'a dit la **bonne aventure**.*

averse n. f.

Une **averse** est une courte chute de pluie ou de neige.

avertir v.

[j'avertis, il avertit, nous avertissons] **Avertir** quelqu'un, c'est l'informer de quelque chose pour qu'il y fasse attention. *Julie **a averti** Jeanne de son changement d'adresse.* Autre mot : **prévenir**

avertissement n. m.

Un **avertissement** est un conseil, une recommandation. *Écouter un **avertissement**.*

aveugle n. m. et f.

Un (ou une) **aveugle** est une personne qui ne peut pas voir.

avion n. m.

Un **avion** est un gros véhicule qui vole. Les **avions** ont des ailes et des moteurs. Ils transportent des personnes et des objets.

avoir v.

[j'ai, tu as, il a, nous avons, vous avez, ils ont]

1. Si tu **as** un objet, c'est qu'il est à toi. *J'**ai** une nouvelle bicyclette.*

2. Quand tu **as** un sentiment, une émotion, tu ressens quelque chose. *Sarah **a** froid. Sarah **a eu** un choc.*

les avions et autres engins qui volent

la montgolfière

le dirigeable

le biplan

l'aile

le planeur

la dérive

le moteur

l'avion long-courrier

la pale de rotor

le train d'atterrissage

la cabine de pilotage

l'hélicoptère

l'avion à réaction

l'hélice

le flotteur

l'hydravion

Bb

bagage n. m.
Les **bagages** sont les sacs ou les valises que tu emportes avec toi quand tu pars en voyage. *As-tu apporté beaucoup de* **bagages** *?*

bagarreur n. m.
Un **bagarreur** est quelqu'un qui aime se bagarrer, se battre.

bague n. f.
Une **bague** est un anneau que l'on met au doigt.
● *Voir* **les bijoux** *à la page 13*

baigner (se) v.
[je me baigne, il se baigne, nous nous baignons]
Se baigner signifie prendre un bain pour le plaisir, pour nager. *Élise aime* **se baigner** *dans la mer.*

baignoire n. f.
La **baignoire** est la grande cuve qu'on remplit d'eau pour prendre un bain.

bâiller v.
[je bâille, il bâille, nous bâillons]
Quand tu **bâilles**, tu ouvres involontairement la bouche, en faisant un son particulier. On **bâille** quand on est fatigué ou quand on s'ennuie.

bain n. m.
Prendre un bain, c'est se laver en se plongeant dans l'eau.

balai n. m.
Un **balai** est un objet dont on se sert pour ramasser la poussière sur le sol. Il est composé d'un long manche terminé par une sorte de brosse.

balance n. f.
On utilise une **balance** pour savoir combien une chose pèse. *Nous avons pesé des prunes dans la* **balance**.

balancer (se) v.
[je me balance, il se balance, nous nous balançons]
1. Quand tu **te balances** sur tes jambes, tu bouges d'un côté et de l'autre. *Tamara* **se balance** *au son de la musique.*
2. Quand tu **te balances**, tu es sur une balançoire qui va vers l'avant, puis vers l'arrière.

balançoire n. f.
Une **balançoire** est un siège suspendu par des cordes ou des chaînes sur lequel on se balance.

baleine n. f.
Une **baleine** est un grand animal qui vit dans la mer. Les **baleines** respirent par deux trous (ou évents) placés sur le dessus de leur tête, et ont des fanons à la place des dents.

balle n. f.
1. Une **balle** est un petit objet rond avec lequel on joue. *Je joue au tennis avec une* **balle**.
2. Les pistolets tirent des **balles** qui sont faites de métal.

ballet n. m.
Le **ballet** est une danse avec des pas particuliers, sur de la musique. Les **ballets** racontent souvent des histoires.

ballon n. m.
1. Un **ballon** est une grosse balle. *Nous jouons au football avec un* **ballon**.
2. Un **ballon** est aussi une mince enveloppe de caoutchouc coloré. Quand tu souffles dedans, il grossit. *Les* **ballons** *flottent dans les airs.*
3. Un **ballon** est également une énorme boule remplie de gaz qui peut s'élever dans le ciel. Autre mot : **montgolfière**

banane n. f.
La **banane** est un fruit allongé, qui a une épaisse peau jaune. Un groupe de **bananes** attachées ensemble s'appelle un régime de **bananes**.

banc n. m.
Un **banc** est un long siège dur, sur lequel plusieurs personnes peuvent s'asseoir.

bandage n. m.
Un **bandage** est une longue bande de tissu. On enroule un **bandage** autour de la partie du corps qui est blessée.

bande n. f.
1. Une **bande** est un morceau de tissu ou de papier long et mince.
2. Une **bande** est aussi un groupe de personnes qui sont ensemble.
3. Une **bande dessinée** est un album avec des dessins qui racontent une histoire. Autre mot : **B.D.**

bandeau n. m.
Un **bandeau** est une bande de tissu qui retient les cheveux.

banque n. f.
Une **banque** est un endroit sûr où on peut déposer son argent. Les **banques** peuvent aussi prêter de l'argent.

banquet n. m.
Un **banquet** est un grand repas spécial préparé pour beaucoup de gens.

barbe n. f.
La **barbe**, ce sont les poils qui poussent sur le menton et les joues d'un homme.

barbecue n. m.
Un **barbecue** est un repas qu'on fait cuire sur un gril en plein air.

barre n. f.
Une **barre** est une pièce en bois ou en métal, longue et étroite.

barrière n. f.
Une **barrière** est une porte qui ferme un jardin, un parc ou un passage à niveau.

bas n. m.
1. Un **bas** est un vêtement qui couvre le pied et la jambe jusqu'en haut de la cuisse.
2. **Bas** signifie aussi la partie inférieure. *Le bas de l'escalier.*

bas, basse adj.
Ce qui est **bas** n'est pas loin du sol. *Cette salle a un plafond bas.*

bas adv.
Bas signifie à une faible hauteur, près du sol. *Les hirondelles volent bas.*

basket n. m.
Le **basket** est un sport qui se joue en équipe avec un ballon qu'on doit envoyer dans un panier.

basket n. f.
Des **baskets** sont des chaussures confortables qu'on porte pour faire du sport.

bassin n. m.
Un **bassin** est une petite étendue d'eau dans un parc, un jardin.

bateau n. m.
Les **bateaux** naviguent sur l'eau. Ils transportent des personnes ou des choses sur les rivières, les lacs et les mers. Certains **bateaux** ont des moteurs, d'autres des voiles.

les bateaux

le voilier

le canot pneumatique

le mât

le dériveur

le gouvernail

le hors-bord

le moteur

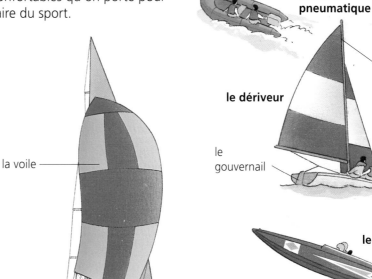

la voile

le yacht

le remorqueur

le ferry

la péniche

le chalutier

bâton n. m.
Un **bâton** est une longue pièce ronde en bois ou en métal. *Un **bâton** de ski.*

battre v.
[je bats, il bat, nous battons]
1. Quand tu **bats** un ami à la course à pied ou aux échecs, tu remportes la victoire.
2. Quand tu **bats** un objet, tu tapes dessus. *Victor **battait** du tambour.*
3. **Se battre**. Quand des gens **se battent**, ils essaient de se blesser l'un l'autre. *Les chevaliers **se battent** avec des épées.*

beau, bel, belle adj.
1. Quelque chose de **beau** est agréable à voir ou à entendre. Attention : on écrit un **bel** été, un **bel** homme. Autres mots : **joli, splendide, superbe** Contraires : **affreux, laid**
2. S'il **fait beau**, c'est que le soleil brille.

beaucoup adv.
1. **Beaucoup** signifie énormément. *Francis parle **beaucoup**.*
2. **Beaucoup** signifie aussi plusieurs. *J'ai reçu **beaucoup** de cadeaux pour mon anniversaire.* Contraire : **peu**

bébé n. m.
Un **bébé** est un jeune enfant. Autre mot : **nouveau-né**

bec n. m.
1. Le **bec** est la partie dure de la bouche des oiseaux.
2. Un **bec** est la partie d'un récipient par lequel sort un liquide.

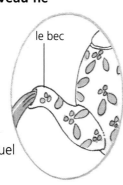

le bec

beignet n. m.
Un **beignet** est un aliment à base de pâte qui est frite. Il y a parfois de la confiture dans un **beignet**.

bercer v.
[je berce, il berce, nous berçons]
Quand on **berce** un enfant, on le balance doucement dans un berceau ou dans ses bras.

berger n. m., bergère n. f.
Un **berger** est une personne qui garde des moutons.

besoin n. m.
Un **besoin** est une chose absolument nécessaire. *Manger est un **besoin**. Pour faire ce modèle réduit, tu as **besoin** de papier, de ciseaux et de colle.*

bétail n. m.
Le **bétail** est l'ensemble des gros animaux d'une ferme, comme les vaches et les bœufs.

bête n. f.
Une **bête** est un animal. Les chats, les chiens, les lions, les vaches, les kangourous, etc. sont des **bêtes**.

bête adj.
Une personne **bête** ne comprend rien. Elle est stupide, idiote.

bêtise n. f.
1. Dire des **bêtises**, c'est dire des choses stupides. *Arrête de dire des **bêtises** !*
2. Faire des **bêtises**, c'est faire quelque chose qu'on n'aurait pas dû faire et qui peut nous poser des problèmes.

béton n. m.
Le **béton** est un mélange de ciment, de gravier et d'eau. Il devient très dur quand il sèche. On utilise le **béton** pour construire des bâtiments.

beurre n. m.
Le **beurre** est jaune pâle. Il est fait avec la crème du lait. Tu peux manger du **beurre** sur ton pain ou l'utiliser dans des recettes.

bibelot n. m.
Un **bibelot** est un joli petit objet qu'on met sur un meuble. *Maman a disposé les **bibelots** sur le manteau de la cheminée.*

bibliothèque n. f.
1. Une **bibliothèque** est un endroit où il y a beaucoup de livres et où on peut les consulter. On peut aussi les emprunter et les lire à la maison.
2. Une **bibliothèque** est aussi le meuble où l'on range les livres.

bicyclette n. f.
Une **bicyclette** est un véhicule à deux roues. On doit pédaler pour la faire rouler. Autre mot : **vélo**

une bicyclette

la selle

le guidon

le pneu

la pédale

la chaîne

bien adv.
1. Si tu fais **bien** quelque chose, c'est que tu es habile à le faire. *Édouard sait **bien** lire.*
2. On dit qu'on va **bien** quand on se sent heureux, qu'on est en bonne santé. Contraire : **mal**

bientôt adv.
Une chose qui doit arriver **bientôt**
va se produire dans peu de temps.
*Il sera **bientôt** l'heure d'aller au lit.*

bijou n. m.
Un **bijou** est un bel objet, comme
un bracelet, une bague ou une
broche, qu'on porte sur un
vêtement ou sur soi.

bille n. f.
Une **bille** est
un petit
objet rond
en terre ou
en verre
qu'on
utilise pour jouer.

billet n. m.
1. Un **billet** est un petit carton
permettant de monter dans un train
ou d'entrer quelque part.
Autre mot : **ticket**
2. Un **billet de banque** est un
morceau de papier qui représente de
l'argent. Tu payes avec des **billets
de banque** et de la monnaie.

biscuit n. m.
Un **biscuit** est un petit gâteau sec.

bizarre adj.
Une chose **bizarre** est étrange,
inhabituelle. *Un chapeau **bizarre**.
Une idée **bizarre**.*

blague n. f.
Une **blague** est quelque chose
qu'on dit ou qu'on fait pour faire
rire les gens.

blaireau n. m.
1. Un **blaireau** est un animal au
pelage noir et blanc, qui se creuse
un terrier.

2. Un **blaireau** est aussi une petite
brosse que papa utilise pour faire
mousser son savon à barbe.

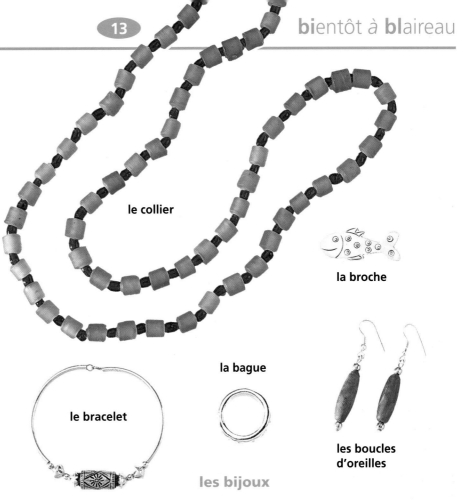

le collier

la broche

la bague

le bracelet

les boucles
d'oreilles

les bijoux

des blagues

Qu'est-ce qui
est vert et qui
rime avec bijou ?

Qu'est-ce qui a
des dents et qui
ne mord pas ?

Un chou.

Un peigne.

Qu'est-ce qui
suit toujours
le crocodile ?

Sa queue.

Qu'y a-t-il
au centre
de Paris ?

La lettre « r ».

blanc, blanche adj.

1. Une chose qui est **blanche** est de la couleur la plus pâle qui existe. Le lait et la neige sont **blancs**.

● *Voir* **les couleurs** *à la page 28*

2. Il n'y a rien d'écrit sur une page **blanche**.

blé n. m.

Le **blé** est une céréale. Avec le **blé**, on fait de la farine.

blessé n. m., blessée n. f.

Un **blessé** est une personne qui a reçu une blessure.

blessé, blessée adj.

Quelqu'un de **blessé** saigne, a une blessure.

blessure n. f.

Une **blessure** est une marque de coupure ou de brûlure sur la peau.

bleu n. m.

Un **bleu** est une marque bleue ou violette sur le corps. Tu te fais un **bleu** lorsque tu te cognes sur quelque chose. *Luc s'est fait un bleu au genou en tombant de sa chaise.*

bleu, bleue adj.

Une chose qui est **bleue** est d'une couleur semblable à celle d'un ciel sans nuages. *Le tissu est bleu.*

● *Voir* **les couleurs** *à la page 28*

bloc n. m.

Un **bloc** est un gros morceau de quelque chose, comme du bois ou de la pierre. *Un bloc de pierre est tombé de la montagne.*

blond, blonde adj.

Les cheveux **blonds** sont jaunes ou dorés.

bloquer v.

[je bloque, il bloque, nous bloquons]
Si un objet **bloque** le passage, rien ne peut passer. *Un arbre était tombé et bloquait la route.*

bœuf n. m.

1. Le **bœuf**, comme le taureau, est le mâle de la vache, mais le **bœuf** ne peut pas faire de petits.

2. Du **bœuf** est de la viande provenant d'un bœuf ou d'une vache.

boire v.

[je bois, il boit, nous buvons]
Quand tu **bois**, tu avales un liquide.

bois n. m.

1. Le **bois** est un matériau qui provient du tronc et des branches des arbres. On l'utilise pour faire des meubles et du papier.

2. Un **bois** est un endroit où il y a beaucoup d'arbres qui poussent les uns à côté des autres. Les **bois** sont plus petits que les forêts.

boîte n. f.

1. On peut mettre toutes sortes de choses dans une **boîte**. En général, les **boîtes** ont un couvercle. *Il y a une boîte d'allumettes dans la boîte à bijoux !*

2. Une **boîte de conserve** est un récipient en métal qui contient des aliments. On l'ouvre avec un ouvre-boîte.

3. Une **boîte aux lettres** est une grande boîte où les gens mettent leurs lettres. C'est aussi une petite boîte dans laquelle le facteur dépose le courrier pour ta famille.

bol n. m.

On utilise un **bol** pour y mettre de la nourriture ou des liquides.

bon, bonne adj.

1. Quelque chose de **bon** a un goût agréable. *Cette tarte est bonne.*
Autre mot : **savoureux**

2. Un **bon** travail est un travail bien fait.
Autre mot : **excellent**
Contraire : **mauvais**

3. Une personne **bonne** est une personne gentille.
Autres mots : **généreux**, **gentil**
Contraire : **méchant**

bonbon n. m.

Un **bonbon** est une friandise. *Julien a choisi tous ses bonbons préférés.*

bord n. m.

1. Le **bord** est la limite d'une surface. *Le verre est placé sur le bord de la table. Nous avons joué au bord du ruisseau.*

2. Si quelqu'un tombe **par-dessus bord**, il tombe d'un bateau dans l'eau.

bosse n. f.

1. Une **bosse** est une boule qui se forme sous la peau quand on heurte quelque chose. *Alain s'est cogné la tête et a une bosse sur le front.*

2. Certains animaux ont des **bosses**. Les chameaux ont une ou deux **bosses** sur le dos.

la bosse

botte n. f.

Une **botte** est une sorte de chaussure qui recouvre le pied et une partie de la jambe. On porte des **bottes** lorsqu'il pleut ou qu'il y a de la neige.

bouche n. f.
La **bouche** est la partie de ton corps dont tu te sers pour parler et manger.

boucher n. m.
Un **boucher** est une personne qui vend de la viande dans une boucherie.

bouchon n. m.
Un **bouchon** est un morceau rond de liège ou de plastique servant à fermer une bouteille ou un tube.

boucle n. f.
1. Une **boucle** est un cercle ou un anneau fait avec une ficelle, une corde ou un ruban. *Un nœud papillon a deux* **boucles**.

2. Une **boucle** est une mèche de cheveux en forme d'anneau. *Sophie a de belles* **boucles**.

boue n. f.
De la **boue**, c'est de la terre mouillée et collante.

bouger v.
[je bouge, il bouge, nous bougeons]
Une chose qui **bouge** change de place ou n'est pas immobile. *Le vent fait* **bouger** *les feuilles des arbres*.

bougie n. f.
Une **bougie** est un bâton de cire avec une ficelle au milieu. Lorsque la **bougie** brûle, elle donne de la lumière. Autre mot : **chandelle**

bouillir v.
[je bous, il bout, nous bouillons]
1. L'eau qui **bout** est très chaude. Elle fait des bulles et il s'en dégage de la vapeur. L'eau **bout** à 100 degrés.
2. Lorsque tu fais **bouillir** un aliment, tu le fais cuire dans l'eau bouillante.

bouquet n. m.
Un **bouquet** de fleurs est un groupe de fleurs coupées et mises ensemble.

boussole n. f.
Une **boussole** a une aiguille qui indique toujours le nord. Elle permet de se diriger.

bout n. m.
Le **bout** de quelque chose, c'est sa fin, son extrémité. *Le* **bout** *d'une allumette*.

bouteille n. f.
On met des liquides dans des **bouteilles**. Elles sont en verre ou en plastique.

bouton n. m.
1. Un **bouton** est un petit objet qui est cousu sur un vêtement. Les **boutons** entrent dans les boutonnières et ferment les vêtements.
2. Un **bouton** est un bourgeon qui donnera naissance à une fleur. *Le* **bouton** *de rose va bientôt s'ouvrir*.
3. Un **bouton** est la partie qu'on pousse ou qu'on tourne pour faire fonctionner un appareil. *Tourne le* **bouton** *de la radio pour hausser le son*.
4. Un **bouton** est également une petite bosse sur la peau. *Pierre a été piqué par un moustique et il a un petit* **bouton** *sur le bras*.

bracelet n. m.
Un **bracelet** est une chaîne ou un anneau qu'on porte autour du poignet.
● *Voir* **les bijoux** *à la page 13*

branche n. f.
La **branche** est une partie de l'arbre. Elle pousse sur son tronc et porte les feuilles.

brancher v.
[je branche, il branche, nous branchons]
Quand tu **branches** un appareil, tu mets une fiche dans une prise pour le faire fonctionner. *Éric* **a branché** *l'imprimante à l'ordinateur*.
Contraire : **débrancher**

bras n. m.
Le **bras** est la partie du corps qui se trouve entre l'épaule et la main.

brillant, brillante adj.
1. Un objet est **brillant** s'il renvoie la lumière. Le métal poli est **brillant**.
2. Un élève **brillant** réussit très bien.

brindille n. f.
Une **brindille** est une toute petite branche.

brique n. f.
Une **brique** est un bloc d'argile cuit. Les **briques** servent à construire des bâtiments.

brise n. f.
La **brise** est un petit vent léger.

brocante n. f.
La **brocante** est un commerce consistant à vendre des objets anciens. On va à la foire à la **brocante**.

broche n. f.
Une **broche** est un joli bijou qu'on épingle sur un vêtement.
● *Voir* **les bijoux** *à la page 13*

brosse n. f.
Une **brosse** comporte beaucoup de petits poils ou de petits fils de métal plantés dans un manche. Tu utilises une **brosse** à cheveux pour démêler tes cheveux et une **brosse** à dents pour te laver les dents.

A B C D E F G H I J K L M N O P Q R S T U V W X Y Z

brouette n. f.
On utilise une **brouette** pour transporter des objets dans un jardin. Une **brouette** est munie d'une roue à l'avant et de poignées à l'arrière pour la pousser.

brouillard n. m.
Le **brouillard** est comme un gros nuage près du sol. Lorsqu'il y a du **brouillard**, on ne peut pas voir très loin.

brouter v.
[je broute, il broute, nous broutons] Quand un animal **broute**, il mange de l'herbe dans un champ.

bruit n. m.
Un **bruit** est un son. *Nous avons entendu un **bruit** venant du sous-sol.*

brûler v.
[je brûle, il brûle, nous brûlons]
1. Un objet qui **brûle** se fait détruire par le feu. *La tranche de pain a brûlé.*
On a brûlé des bûches dans le foyer.
2. **Se brûler**. Tu **te brûles** quand tu te blesses en touchant quelque chose de chaud.

brume n. f.
La **brume** est comme un nuage léger près du sol. La **brume** est moins épaisse que le brouillard. *Dans la vallée, les vaches semblent disparaître dans la **brume**.*

brun n. m.
Le **brun** est une couleur entre le noir et le roux.
Autre mot : **marron**

brun, brune adj.
Une personne **brune** a les cheveux et souvent le teint **bruns**.

brusque adj.
Une personne **brusque** n'est pas douce. *Ne sois pas si **brusque**, tu me fais mal !*
Autre mot : **brutal**
Contraire : **doux**

bruyant, bruyante adj.
Les choses ou les gens **bruyants** font beaucoup de bruit. *Il faut faire réparer le lave-vaisselle, il est devenu trop **bruyant**. J'aimerais que Roger soit moins **bruyant** dans la maison.*
Contraires : **silencieux**, **tranquille**

bûche n. f.
Une **bûche** est un gros morceau de bois. *Une belle **bûche** brûle dans le foyer.*

buffle n. m.
Un **buffle** est un gros animal ruminant qui ressemble au bœuf.

bulbe n. m.
Le **bulbe** est la partie arrondie souterraine de certaines plantes. Les jonquilles et les tulipes ont des **bulbes**.

— le bulbe

bulldozer n. m.
Un **bulldozer** est un engin qui sert à déplacer la terre et les pierres.

bulle n. f.
Une **bulle** est une boule d'air recouverte de liquide. L'eau qui bout et les boissons gazeuses font des **bulles**. *Véronique et Mario font des **bulles** de savon sur le balcon.*

bureau n. m.
1. Un **bureau** est une pièce ou un immeuble où les gens travaillent.
2. Un **bureau** est aussi le meuble sur lequel on travaille.

but n. m.
On marque un **but** en lançant un ballon dans un filet. *Ton équipe a gagné par deux **buts** à un.*

Cc

cabine n. f.
Une **cabine** est une petite chambre à bord d'un navire. C'est aussi un petit local à usage déterminé : il y a des **cabines** de douche, des **cabines** téléphoniques ou encore des **cabines** d'essayage dans les magasins.

cabinets n. m. pl.
Les **cabinets** sont les toilettes.

cacahuète n. f.
Une **cacahuète** est une petite graine ovale. C'est le fruit de l'arachide. Les **cacahuètes** ont une enveloppe et poussent sous la terre.
Autre mot : **arachide**
On écrit aussi : **cacahouète**

cacher v.
[je cache, il cache, nous cachons]
1. Quand tu **caches** un objet, tu le mets dans un endroit où on ne peut pas le voir. *Zoé a caché ses chaussures sous son lit.*
2. Quand tu **caches** tes sentiments, tu essaies de ne pas les dire, de ne pas les montrer. *Rose cachait sa déception.*

cachot n. m.
Un **cachot** est une prison, souvent souterraine. On trouve des **cachots** dans les châteaux.

cadeau n. m.
Un **cadeau** est un objet que tu offres à quelqu'un. *Nous avons emballé le cadeau de Marie-Claude.*
Autre mot : **présent**

cadenas n. m.
Un **cadenas** est une sorte de serrure mobile. On attache une chaîne avec un **cadenas**. *La remise est fermée avec un cadenas.*

cadre n. m.
Un **cadre** entoure les bords de quelque chose, comme une photo.

café n. m.
1. Le **café** est une graine.
2. Le **café** est le nom de la boisson qu'on obtient en versant de l'eau bouillante sur des graines de café moulues.
3. Un **café** est aussi un endroit public avec des tables et des chaises où on peut prendre des boissons.

cafetière n. f.
Une **cafetière** est un appareil à faire le café.

cage n. f.
Une **cage** est une boîte ou une pièce fermée avec des barreaux. Certains animaux, à la maison ou au zoo, sont gardés dans des **cages**.

caillou n. m.
Un **caillou** est une petite pierre.

calculette n. f.
Une **calculette** est une petite machine qui donne les résultats de certains calculs.
Autre mot : **calculatrice de poche**

calendrier n. m.
Le **calendrier** est un tableau de tous les jours, toutes les semaines et tous les mois d'une année. *Victoria a noté son anniversaire sur le calendrier.*

calme adj.
1. Dans un endroit **calme**, il n'y a pas de bruit. *La rue est calme, tôt le matin.*
2. Une personne **calme** est tranquille.
Contraires : **agité**, **bruyant**, **excité**

cambrioleur n. m.
Un **cambrioleur** est quelqu'un qui entre dans une maison ou un magasin pour y voler des objets.
Autre mot : **voleur**

camion n. m.
Un **camion** est un gros véhicule qu'on utilise pour transporter des marchandises.

campagne n. f.
La **campagne** est l'espace à l'extérieur des villes. Il y a des champs, des bois et des fermes à la **campagne**.

camper v.
[je campe, il campe, nous campons]
Quand tu **campes**, tu vis sous une tente pendant quelques jours.
Autre expression : **faire du camping**

canapé n. m.
Un **canapé** est un long siège à dossier pour au moins deux personnes.

canard n. m.
Un **canard** est un oiseau capable de nager. Les **canards** ont des pattes courtes et ils peuvent plonger sous l'eau.

canoë n. m.
Un **canoë** est un bateau étroit et allongé, très léger. On le fait avancer avec des pagaies.
Autre mot : **kayak**

caoutchouc n. m.
Le **caoutchouc** est un matériau solide qui peut se plier et s'étirer. On l'utilise pour fabriquer des pneus, des balles et des bottes.

capable adj.
Si tu es **capable** de faire quelque chose, c'est que tu peux le faire. *Je me sens **capable** de réussir.* Contraire : **incapable**

capitale n. f.
Une **capitale** est une ville qui occupe le premier rang dans un pays, un état ou une province ; c'est l'endroit où siège le gouvernement. *Rome est la **capitale** de l'Italie.*

caprice n. m.
Faire un caprice, c'est pleurer pour tenter d'obtenir quelque chose. *Claude ne veut pas manger ses haricots. Il pleure. Il **fait un caprice**.*

capricieux, capricieuse adj.
Une personne **capricieuse** a des caprices.

capuche n. f.
La **capuche** est la partie d'un manteau qui recouvre la tête. *Dès qu'il a commencé à pleuvoir, Rose a mis sa **capuche**.*

caqueter v.
[je caquette, il caquette, nous caquetons]
1. Quand une poule **caquette**, elle pousse de petits cris.
2. Une personne qui **caquette** est très bavarde.

car n. m.
Un **car** est un grand autobus qui peut transporter beaucoup de personnes. Les **cars** sont souvent utilisés pour les longs voyages. Autre mot : **autocar**

caractère n. m.
Ton **caractère** est ta manière d'être. *Charles a mauvais **caractère**, il est toujours fâché.*

caramel n. m.
Le **caramel** est un mélange d'eau et de sucre que l'on fait cuire.

caravane n. f.
1. Une **caravane** est une petite maison sur roues. Certaines **caravanes** peuvent être tirées par une automobile.
2. Une **caravane** est aussi un groupe de personnes qui traversent le désert.

caresser v.
[je caresse, il caresse, nous caressons]
Caresser de la main, c'est toucher doucement, en signe de tendresse, un enfant ou un animal.

caricature n. f.
Une **caricature** est un dessin amusant d'une personne.

carnet n. m.
Un **carnet** est un petit cahier de poche dans lequel on peut écrire ou dessiner.

carotte n. f.
Une **carotte** est un légume long et orange qui pousse sous la terre. On peut manger les **carottes** crues ou cuites.

carré n. m.
Un **carré** est une forme qui a quatre côtés et quatre angles droits. Les côtés du **carré** sont tous de même longueur.
● *Voir* **les formes** à la page 48

carrière n. f.
1. Une **carrière** est un endroit où on creuse pour extraire des pierres.
2. Une **carrière** est également une profession, un métier.

carte n. f.
1. Une **carte** est le dessin d'une partie du monde ou d'un pays. *Cécile vérifie sur la **carte** quelle direction il faut prendre.*
2. Une **carte à jouer** est un petit carton avec des dessins et des chiffres. L'as de cœur est une **carte à jouer**.
3. Une **carte** est un carton plié en deux avec un dessin sur le dessus et un message à l'intérieur. Tu offres une **carte** à tes amis pour leur anniversaire.
4. Une **carte postale** est une carte qu'on peut mettre à la poste sans enveloppe. Les **cartes postales** ont souvent une image ou une photo d'un côté.

carton n. m.
1. Le **carton** est du papier dur et épais.
2. Un **carton** est aussi une boîte faite avec ce papier épais.

casque n. m.
Un **casque** est une coiffure dure que l'on porte pour se protéger la tête. *Nadia porte toujours son **casque** lorsqu'elle fait de la bicyclette.*

casquette n. f.
Une **casquette** est un chapeau en tissu avec une visière.

casse-croûte n. m.
Un **casse-croûte** est un repas léger pris rapidement. *Francine apporte son **casse-croûte** à l'école tous les jours.*

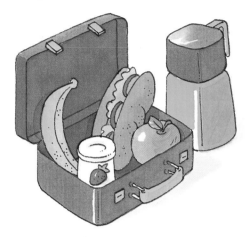

casse-noisette n. m.
Un **casse-noisette** est un petit instrument en forme de pince qui sert à casser les noisettes.

casser v.
[je casse, il casse, nous cassons]
Casser, c'est mettre en morceaux par choc ou coup brusque. *Annelise **a cassé** une tasse en faisant le café.*

casserole n. f.
Une **casserole** est un récipient en métal qu'on utilise pour faire cuire des aliments. Une **casserole** a un manche et souvent un couvercle.

casse-tête n. m.
Un **casse-tête** est un problème difficile à résoudre.

Peux-tu passer de PILE à FACE en trois mots ?

Il te suffit de trouver les réponses à partir des devinettes ci-dessous et de les inscrire dans les cases. Voici un truc : pour trouver la réponse, il faut prendre le premier mot et en changer une seule lettre, puis faire la même chose avec les suivants.

Indices

1. Quand une couleur est claire, elle est _____ .
2. La _____ est la partie située à l'intérieur d'un bateau, sous le pont.
3. Une sorte de chien est une _____ de chien.

	P	I	L	E
1				
2				
3				
	F	A	C	E

Solution : Pile, Pâle, Cale, Race, Face

---

cassette n. f.
Une **cassette** est un boîtier contenant un ruban magnétique. On peut enregistrer de la musique sur une **cassette** audio et on peut enregistrer des films sur une **cassette** vidéo.

castor n. m.
Le **castor** est un animal qui vit près des rivières et des lacs. Il a des dents très tranchantes et une large queue plate. Il construit des barrages.

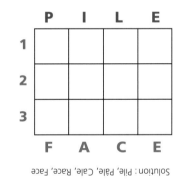

cauchemar n. m.
Un **cauchemar** est un mauvais rêve qui fait peur. *La nuit dernière, j'ai fait un horrible **cauchemar** : j'étais poursuivi par un monstre.*

cause n. f.
La **cause** de quelque chose, c'est ce qui l'a provoqué. *La **cause** de ma mauvaise humeur, c'est que je suis fatigué.*

cave n. f.
La **cave** est la pièce située sous une maison. *Mon père a rangé son vélo à la **cave**.*

caverne n. f.
Une **caverne** est un grand trou dans un rocher ou une montagne. *Les hommes des **cavernes**.* Autre mot : **grotte**

ceinture n. f.
1. Une **ceinture** est une bande de cuir, de tissu ou de plastique qu'on se met autour de la taille. *Henri porte une **ceinture** pour empêcher son pantalon de tomber.*

2. On a de l'eau **jusqu'à la ceinture** lorsqu'on en a jusqu'à la taille.

célèbre adj.
Une personne **célèbre** est très connue. *Picasso est un peintre **célèbre**.*

centre n. m.
Le **centre** de quelque chose, c'est son milieu. *J'ai écrit mon nom au **centre** de la page.*

cercle n. m.
Un **cercle** est une forme ronde.
● *Voir **les formes** à la page 48*

céréale n. f.
1. Une **céréale** est une sorte de plante qu'on cultive, comme le blé ou le riz.
2. On peut manger des **céréales** avec du lait au petit déjeuner.

cerf n. m.
Un **cerf** est un animal à quatre pattes et à pelage brun-roux. Les **cerfs** vivent dans les forêts et peuvent courir très vite. Le mâle adulte porte de grandes cornes qui s'appellent des bois.

cerf-volant n. m.
Un **cerf-volant** est un morceau de tissu ou de papier tendu sur des baguettes, attaché à une longue ficelle, que l'on fait voler. *Le **cerf-volant** danse dans le vent.*

cerise n. f.
Une **cerise** est un petit fruit rond avec un noyau au centre. Les **cerises** peuvent être rouges, noires ou jaunes.

certain, certaine adj.
Tu es **certain** de quelque chose quand tu en es complètement sûr, que tu sais que c'est vrai. *Robert est **certain** que son équipe va gagner.*
Autre mot : **sûr**

certains pron. et adj. pl.
Certains signifie quelques-uns, plusieurs. ***Certains** enfants iront passer leurs vacances au bord de la mer.*

cerveau n. m.
Le **cerveau** est à l'intérieur de la tête. C'est le **cerveau** qui permet de penser et qui fait fonctionner le corps.

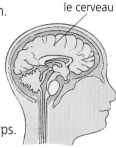

le cerveau

cesser v.
[je cesse, il cesse, nous cessons]
1. Quand une chose **cesse**, elle ne se produit plus. *Il **a cessé** de neiger ce matin.*
Contraire : **commencer**
2. Quand une personne **cesse** de faire une chose, elle arrête de la faire. *Papa **a cessé** de fumer le mois dernier.*
Contraire : **continuer**

chaîne n. f.
Une **chaîne** est une suite d'anneaux de métal attachés les uns aux autres.

chaise n. f.
Une **chaise** est un siège à quatre pieds et à dossier sur lequel on s'assoit.

chambre n. f.
La **chambre** est la pièce où on dort.

chameau n. m.
Le **chameau** est un grand animal avec une ou deux bosses sur le dos.

champ n. m.
Un **champ** est une étendue de terre où on peut cultiver des plantes ou garder des animaux. *Un **champ** de blé.*

champignon n. m.
1. Un **champignon** est une plante qui a un pied et un chapeau. On peut manger certains **champignons**.
2. Un **champignon vénéneux** contient du poison. Si tu en manges, tu peux être malade et même mourir.

champion n. m., championne n. f.
Le **champion** est le gagnant d'une course ou d'une compétition.

chance n. f.
Une **chance** est quelque chose de bien qui t'arrive sans que tu t'y attendes. *J'ai de la **chance**, j'ai gagné à ce jeu même si beaucoup de personnes y jouaient aussi.*

chandail n. m.
Un **chandail** est un tricot à manches longues qui s'enfile par la tête.
Autre mot : **pull-over**

chandelle n. f.
Une **chandelle** est une bougie.

changer v.
[je change, il change, nous changeons]
1. Quand tu **changes** une chose, tu la remplaces par une autre. *Benoît **a changé** la date de la fête pour son anniversaire.*
2. **Se changer**. Quand une chose **se change** en une autre, elle se modifie, se transforme. *La pluie **s'est changée** en neige.*
3. Quand tu **te changes**, tu enlèves tes vêtements pour en mettre d'autres. *Sylvie **s'est changée** avant d'aller au cinéma.*

chanson n. f.
Une **chanson** est un morceau de musique avec des paroles qu'on peut chanter.

chanter v.
[je chante, il chante, nous chantons]
Quand tu **chantes**, tu fais de la musique avec ta voix. *Antoine adore **chanter** en écoutant la radio.*

chapeau n. m.
Un **chapeau** est quelque chose que l'on porte sur la tête.

chapitre n. m.
Un **chapitre** est une partie d'un livre. *Ce livre a douze **chapitres**, et j'en ai lu quatre.*

chaque adj.
Le mot **chaque** s'emploie pour parler en particulier d'une personne ou d'une chose qui fait partie d'un groupe. ***Chaque** élève doit apporter son livre.*

char n. m.
Un **char** d'assaut est un gros véhicule très lourd muni d'un canon. Les **chars** d'assaut sont utilisés par les soldats.

charbon n. m.
Le **charbon** est une roche noire qu'on trouve sous terre. Le **charbon** produit de la chaleur quand on le fait brûler.

chargement n. m.
Un **chargement** est un ensemble de choses transportées en une seule fois. *Le camion transporte un **chargement** de sable.*

chariot n. m.
1. Un **chariot** est une petite voiture à quatre roues qu'on pousse pour transporter des objets. *Papa utilise un **chariot** pour transporter ses bagages.*
2. Un **chariot** est aussi un véhicule qu'on utilisait dans le passé pour transporter de lourdes charges. Les **chariots** avaient quatre roues et étaient souvent tirés par des chevaux.

charrue n. f.
Une **charrue** est un instrument tiré par un tracteur qui sert à retourner la terre dans les champs.

chasser v.
[je chasse, il chasse, nous chassons]
Un animal qui **chasse** cherche d'autres animaux pour les tuer et les manger.

chat n. m.
Un **chat** est un animal à fourrure qui a des oreilles triangulaires. Les **chats** sont souvent des animaux domestiques. Le lion et le tigre sont de la même famille que le **chat**.

châtaigne n. f.
Une **châtaigne** est un fruit que l'on mange cuit.
Voir aussi : **marron**

château n. m.
Un **château** est une grande demeure qui a des murs très hauts pour la protéger. Beaucoup de **châteaux** ont été construits il y a très longtemps.

chaton n. m.
Un **chaton** est un jeune chat.

chatouiller v.
[je chatouille, il chatouille, nous chatouillons]
Quand tu **chatouilles** quelqu'un, tu le fais rire en le touchant avec tes doigts à certains endroits de son corps.

chaud, chaude adj.
Quelque chose de **chaud** a une température élevée. *Une boisson **chaude**.*
Contraire : **froid**

chauffer v.
[je chauffe, il chauffe, nous chauffons]
Quand tu **fais chauffer** une chose, tu la fais devenir chaude, tu augmentes sa température. *Janie **fait chauffer** de l'eau dans une casserole.*

chaumière n. f.
Une **chaumière** est une petite maison avec un toit de chaume. On voit des **chaumières** à la campagne.

chaussette n. f.
Les **chaussettes** couvrent le pied et le bas de la jambe. *Une paire de **chaussettes**.*

chaussure n. f.
On porte des **chaussures** aux pieds pour marcher. Les **chaussures** peuvent être en cuir, en plastique ou en toile.
Autre mot : **soulier**

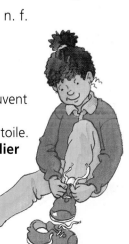

A B C D E F G H I J K L M N O P Q R S T U V W X Y Z

chauve adj.
Un homme **chauve** n'a plus de cheveux.

chauve-souris n. f.
Une **chauve-souris** est un petit animal à fourrure capable de voler. Les **chauves-souris** dorment le jour et chassent la nuit.

chef n. m.
Le **chef** est celui qui est responsable de quelque chose et qui prend des décisions.

chemin n. m.
1. Un **chemin** est une petite voie qui permet d'aller d'un endroit à un autre.
2. Le **chemin** pour aller quelque part est la direction à prendre. *Quel est le chemin le plus court pour aller chez vous ?*

cheminée n. f.
Une **cheminée** est un grand tuyau au-dessus d'un foyer qui évacue la fumée hors de la maison. C'est aussi l'endroit où l'on fait du feu dans la maison.

chemise n. f.
Une **chemise** est un vêtement que l'on porte sur le haut du corps. Les **chemises** ont souvent un col et s'attachent sur le devant.

chemisier n. m.
Un **chemisier** est une chemise de femme. *Aline s'est acheté un chemisier en soie.*

chenille n. f.
Une **chenille** est un petit animal qui ressemble à un ver. Elle a dix paires de pattes. Les **chenilles** se transforment en papillons.

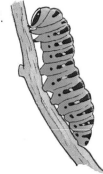

cher, chère adj.
1. Si une personne t'est **chère**, c'est que tu l'aimes beaucoup.
2. Tu utilises le mot **cher** lorsque tu commences une lettre. *Chère Léa.*

cher adv.
Quelque chose qui est **cher** coûte beaucoup d'argent. *Les voitures coûtent cher.*
Autre mot : **coûteux**
Contraire : **bon marché**

chercher v.
[je cherche, il cherche, nous cherchons]
1. Quand tu **cherches** un objet, tu regardes partout attentivement pour le trouver. *Antoine a cherché son autre chaussette dans toute la maison.*
2. **Aller chercher.** Quand tu **vas chercher** une chose, tu te déplaces jusqu'à celle-ci et la rapportes. *Catherine est allée chercher son livre dans sa chambre.*

cheval n. m.
Un **cheval** est un animal à crinière et à longue queue. Les gens montent sur les **chevaux** pour faire de l'équitation.

un cheval

la bride
la crinière
la selle
les rênes
l'étrier
le sabot

chevalier n. m.
Un **chevalier** était un genre de soldat autrefois. Les **chevaliers** portaient une armure et se battaient pour leur roi.

cheveu n. m.
Les **cheveux** sont les poils qui poussent sur la tête. *Regarde, j'ai un cheveu gris !*

cheville n. f.
La **cheville** est entre le pied et la jambe.

chèvre n. f.
La **chèvre** est un animal avec des cornes et une petite queue. Certaines ont une barbichette. La **chèvre** produit du lait et on en fait du fromage.

chevreau n. m.
Le **chevreau** est le petit de la chèvre.

chewing-gum n. m.
Un **chewing-gum** est une gomme à mâcher.

chic adj. inv.
Être **chic**, c'est être bien habillé.
Autre mot : **élégant**

chien n. m.
Un **chien** est un animal qu'on garde souvent à la maison. On dresse certains **chiens** pour qu'ils exécutent une tâche.

chiffre n. m.
Les **chiffres** sont les caractères suivants : 0, 1, 2, 3, 4, 5, 6, 7, 8, 9.

chimpanzé n. m.
Un **chimpanzé** est un grand singe à fourrure foncée. Les **chimpanzés** sont très intelligents.

chiot n. m.
Un **chiot** est un jeune chien.

chocolat n. m.
Le **chocolat** est un aliment qu'on utilise pour faire des sucreries, des gâteaux et des boissons.

chômeur n. m.,
chômeuse n. f.
Un **chômeur** est une personne qui n'a pas de travail et donc ne gagne pas d'argent.

chorale n. f.
Une **chorale** est un groupe de personnes qui chantent ensemble.

chose n. f.
Une **chose** est un objet, un événement ou une action. *J'ai acheté beaucoup de choses au supermarché. Il a fait une chose inimaginable !*

chou n. m.
Un **chou** est un légume qui a beaucoup de feuilles. Il y a plusieurs sortes de **choux** : les **choux**-fleurs, les **choux** verts, les **choux** rouges et les **choux** de Bruxelles.

chou-fleur n. m.
Un **chou-fleur** est une sorte de chou avec un cœur blanc entouré de feuilles vertes.

chuchoter v.
[je chuchote, il chuchote, nous chuchotons]
Quand tu **chuchotes**, tu parles à voix basse.

chute n. f.
1. Faire une **chute**, c'est tomber.
2. Une **chute d'eau** est une masse d'eau qui tombe sur des rochers.

cible n. f.
Une **cible** est un but que l'on vise et sur lequel on tire. *Robin a pointé sa flèche vers la cible.*

cicatrice n. f.
Une **cicatrice** est une marque laissée sur la peau par une blessure.

ciel n. m.
Le **ciel** est l'espace au-dessus de nos têtes. On voit des nuages et des étoiles dans le **ciel**.

ciment n. m.
Le **ciment** est une poudre grise qu'on mélange avec de l'eau et qu'on utilise en construction. En séchant, le **ciment** durcit. On mélange le **ciment** avec du sable pour lier des briques ensemble.

cinéma n. m.
Un **cinéma** est une salle où les gens vont voir des films.

circulation n. f.
La **circulation** est le déplacement des véhicules sur les routes au même moment. *La circulation est plutôt fluide ce matin.*

cire n. f.
La **cire** est une matière molle qui fond à la chaleur. On utilise de la **cire** pour faire des chandelles et des crayons de couleur.

la cire

cirque n. m.
Un **cirque** est un endroit où des artistes et des animaux donnent un spectacle, souvent sous une grande tente. *Les clowns du cirque nous ont fait rire.*

ciseaux n. m. plur.
On utilise une paire de **ciseaux** pour couper du papier ou du tissu. Les **ciseaux** ont deux anneaux et deux lames.

citron n. m.
Un **citron** est un fruit jaune qui a une écorce épaisse. Les **citrons** sont juteux et ont un goût acide.

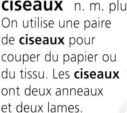

civière n. f.
Une **civière** est un lit étroit qu'on utilise pour transporter un malade ou un blessé.

clair, claire adj.
1. Les couleurs **claires** sont plus près du blanc que du noir.
Autre mot : **pâle**
Contraire : **foncé**
2. Ce qui est **clair** se comprend facilement. *Les instructions sont claires et faciles à suivre.*
3. Quand il fait **clair**, il fait jour. *Un endroit clair reçoit de la lumière.*
4. **Clair** veut aussi dire transparent. *L'eau est claire.*

clapier n. m.
Un **clapier** est une cage en bois ou en métal où on garde les lapins.

A B C D E F G H I J K L M N O P Q R S T U V W X Y Z

claque n. f.
Une **claque** est un coup donné avec la paume de la main.
Autre mot : **tape**

claquer v.
[je claque, il claque, nous claquons]
1. Une porte qui **claque** se referme en faisant un bruit sec et fort.
2. Quand tu **claques** la porte, tu la fermes très fort et elle fait un grand bruit.

classe n. f.
1. Une **classe** est un groupe d'élèves qui ont le même professeur et qui sont dans la même salle.
2. Une **classe** est aussi une salle où un professeur enseigne à des élèves.

clé n. f.
Une **clé** est un morceau de métal qui a une forme particulière.
On met la **clé** dans la serrure pour ouvrir une porte ou faire démarrer une voiture.
On écrit aussi : **clef**

clémentine n. f.
Une **clémentine** est un fruit rond et orange, à peau fine, qui ressemble à la mandarine.

client n. m., **cliente** n. f.
Un **client** est quelqu'un qui achète quelque chose dans un magasin.

cligner v.
[je cligne, il cligne, nous clignons]
Quand tu **clignes** des yeux, tu les fermes et les ouvres rapidement.

clin d'œil n. m.
Quand tu fais un **clin d'œil**, tu fermes puis ouvres un œil très vite. On fait des **clins d'œil** pour montrer qu'on·fait une blague.

cloche n. f.
Une **cloche** est un objet en métal en forme de tulipe.
Une **cloche** sonne lorsqu'on la frappe ou qu'on la remue.

clôture n. f.
Une **clôture** est une sorte de mur en bois ou en fil de fer. Il y a parfois des **clôtures** autour des jardins ou entre différents champs.

clou n. m.
Un **clou** est un morceau de métal avec un bout pointu. On utilise des **clous** pour assembler des morceaux de bois.

clown n. m.
Un **clown** est une personne qui fait rire. Les **clowns** portent des habits amusants, font des tours et disent des plaisanteries.

coccinelle n. f.
Une **coccinelle** est un insecte rouge ou jaune avec des taches noires sur le dos.
● *Voir* **les insectes** *à la page 58*

cocher v.
[je coche, il coche, nous cochons]
Quand le maître d'école **coche** une réponse, il met un petit signe à côté pour indiquer qu'elle est bonne.

cochon n. m.
1. Un **cochon** est un gros animal de la ferme à pattes courtes. Les **cochons** sont élevés pour leur viande. Autre mot : **porc**
2. Un **cochon d'Inde** est un petit animal à fourrure qui n'a pas de queue. Certaines personnes ont un **cochon d'Inde** comme animal domestique.

cocotte n. f.
Une **cocotte** est un récipient rond et profond. On utilise des **cocottes** pour cuire les aliments. *Le poulet est en train de cuire dans la* **cocotte**.

cœur n. m.
Le **cœur** est l'organe qui fait circuler le sang partout dans le corps.
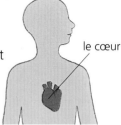
le cœur

coffre n. m.
1. Un **coffre** est une grande boîte solide où on garde des objets. Les **coffres** sont souvent faits en bois.
2. Le **coffre** est aussi la partie de la voiture où on range les bagages.

cogner v.
[je cogne, il cogne, nous cognons]
1. Quand tu **cognes** sur quelque chose ou sur quelqu'un, tu frappes dessus à coups répétés.
2. **Se cogner**. Quand tu **te cognes** contre une chose, tu te heurtes à celle-ci. *Adrien s'est cogné la tête à l'étagère.*

coin n. m.
1. Un **coin** est l'endroit où deux côtés se rejoignent. *La salle a quatre coins*.
2. **Rester dans son coin**, c'est rester seul, à l'écart.

col n. m.
Le **col** d'un vêtement est la partie autour du cou.

colère n. f.
Quand tu es en **colère**, tu es fâché et tu as envie de crier ou de t'en prendre à quelqu'un. *Lucette s'est mise en colère lorsqu'elle a vu ses lunettes cassées.*

colis n. m.
Un **colis** est un petit paquet qu'on envoie généralement par la poste.

collant n. m.
Un **collant** est un vêtement élastique qui colle à la peau, de la taille au bout des orteils. *Je porte un* **collant** *sous mon pantalon quand il fait froid.*

colle n. f.
La **colle** est une substance qu'on utilise pour faire tenir des choses ensemble. On emploie la **colle** pour fabriquer des objets ou pour réparer ce qui est cassé.

collectionner v.
[je collectionne, il collectionne, nous collectionnons]
Quand on **collectionne** des objets, on en rassemble plusieurs. *Mon ami* **collectionne** *les timbres.*

coller v.
[je colle, il colle, nous collons]
Quand tu **colles** une chose sur une autre, tu la fais tenir au moyen de colle.
Contraire : **décoller**

collier n. m.
1. Un **collier** est un bijou qu'on porte autour du cou.
● *Voir* **les bijoux** *à la page 13*
2. Un **collier** est une bande de cuir ou de métal qu'on attache autour du cou de son chien ou de son chat.

colline n. f.
Une **colline** est un terrain élevé de forme arrondie. Les **collines** ne sont pas aussi hautes que les montagnes.

combien adv.
Combien signifie quelle quantité. *Combien de doigts as-tu ? Combien d'amis as-tu invités à ton goûter d'anniversaire ?*

comestible adj.
Est **comestible** ce que l'on peut manger.

comique n. m.
Un **comique** est un acteur qui joue un personnage amusant, drôle.

comique adj.
Ce qui est **comique** fait rire, amuse.

commander v.
[je commande, il commande, nous commandons]
1. Quand tu **commandes** au restaurant, tu demandes un plat et une boisson.
2. **Commander**, c'est donner l'ordre à quelqu'un de faire quelque chose.

comme conj.
Comme il pleuvait, la promenade a été remise à plus tard.

comme adv.
Comme permet d'établir une comparaison. *Elle est bavarde* **comme** *une pie.*

commencer v.
[je commence, il commence, nous commençons]
1. Si tu **commences** une chose, tu en fais une première partie. *Adeline* **commence** *son devoir d'anglais.*
Contraires : **finir, terminer**
2. Quand tu **commences** à faire une chose, tu la fais pour la première fois. *Marianne* **a commencé** *à skier ce matin.*
3. Quand une chose **commence**, c'en est le début. *Il* **a commencé** *à pleuvoir à vingt heures.*
Contraires : **arrêter, finir**

comment adv.
Comment signifie de quelle façon. *Comment fait-on pour éteindre l'ordinateur ?*

comparer v.
[je compare, il compare, nous comparons]
Quand tu **compares** deux choses, tu les examines attentivement pour voir ce qu'elles ont de semblable et de différent. *Maude* **compare** *les deux robes pour décider laquelle elle choisira.*

compas n. m.
On utilise un **compas** pour tracer des cercles.

compétition n. f.
1. Une **compétition** est une épreuve.
2. Deux personnes en **compétition** essaient chacune de faire mieux que l'autre.

complet, complète adj.
Une chose est **complète** si rien ne lui manque. *Mylène vérifie si le jeu de cartes est* **complet***, s'il n'en manque aucune.*

comporter (se) v.
[je me comporte, il se comporte, nous nous comportons]
Un enfant qui **se comporte** bien se conduit bien.

comprendre v.
[je comprends, il comprend, nous comprenons]
Si tu **comprends** une chose, tu sais ce qu'elle signifie ou comment elle fonctionne.

compter v.
[je compte, il compte, nous comptons]
1. Quand tu **comptes**, tu énumères les nombres les uns après les autres dans l'ordre.
2. Quand tu **comptes** des objets, tu dis combien il y en a. *J'ai* **compté** *tous les timbres de ma collection.*

comptoir n. m.
Un **comptoir** est une longue table dans un magasin ou un café. La personne qui est derrière le **comptoir** sert les clients.

concentrer (se) v.
[je me concentre, il se concentre, nous nous concentrons]
Quand tu **te concentres** sur une chose, tu penses très fort à celle-ci. *Gabriel se concentre sur sa partie d'échecs.*

concert n. m.
Un **concert** est un spectacle donné par un ou plusieurs musiciens.

concombre n. m.
Un **concombre** est un long légume vert qu'on mange souvent en salade.

conduire v.
[je conduis, il conduit, nous conduisons]
Quand on **conduit** une auto, on la fait rouler pour aller quelque part.

confiance n. f.
Quand tu fais **confiance** à quelqu'un, tu crois qu'il est honnête et que tu peux t'y fier.

confiture n. f.
La **confiture** est un aliment à base de fruits et de sucre bouillis ensemble. *De la confiture de fraises sur du pain beurré.*

confortable adj.
Une chose est **confortable** quand on s'y sent bien. *Un fauteuil, c'est plus confortable qu'une chaise.* Contraire : **inconfortable**

confus, confuse adj.
Une explication **confuse** est difficile à comprendre.

congélateur n. m.
Un **congélateur** est un appareil qui congèle les aliments qu'on désire conserver.

connaître v.
[je connais, il connaît, nous connaissons]
1. Si tu **connais** une chose, tu la sais. *Sabine connaît la réponse à la question.*
2. Si tu **connais** quelqu'un, tu l'as déjà rencontré. *Je connais Chloé; c'est une amie de ma cousine.*

conséquence n. f.
Une **conséquence** est quelque chose qui arrive à cause de quelque chose d'autre. *Ta punition est la conséquence de ta mauvaise conduite.*

conserve n. f.
Des aliments en **conserve** sont préservés dans des boîtes en métal ou dans des bocaux.

consonne n. f.
Une **consonne** est n'importe quelle lettre de l'alphabet, sauf A, E, I, O, U et Y, qui sont des voyelles. Par exemple, B et F sont des **consonnes**.

contagieux, contagieuse adj.
Une maladie **contagieuse** est une maladie que tu peux donner à quelqu'un ou attraper d'une autre personne. *La varicelle est une maladie contagieuse.*

conte n. m.
Un **conte** est une histoire inventée. *Un conte pour enfants.*

contenir v.
[je contiens, il contient, nous contenons]
1. **Contenir** : avoir en soi, renfermer. *Ces fruits contiennent des vitamines.*
2. **Contenir** : avoir une capacité, une contenance. *Cette bouteille contient un litre.*
3. **Contenir** signifie aussi empêcher d'avancer. *Les policiers contenaient la foule.*
4. **Se contenir** : se retenir, se maîtriser. *Angèle a envie de se mettre en colère, mais elle se contient.*

content, contente adj.
Être **content**, c'est être heureux. *Je suis content que tu te sentes mieux.*

continuer v.
[je continue, il continue, nous continuons]
Quand tu **continues** de faire une chose, tu ne cesses pas de la faire. Contraire : **cesser**

contour n. m.
Le **contour** est la ligne qui suit les bords d'un objet. *Rose trace le contour de la feuille.*

contre prép.
Contre signifie près de. *Mon bureau est contre le mur.*

contre adv.
Être **contre**, c'est ne pas être d'accord. *Je veux regarder la télévision, mais maman est contre.*

contrôler v.
[je contrôle, il contrôle, nous contrôlons]
Contrôler, c'est vérifier que quelque chose est correct. *Dans le train, on a contrôlé deux fois les billets.*

convaincre v.
[je convaincs, il convainc, nous convainquons]
Quand tu essaies de **convaincre** quelqu'un d'une chose, tu essaies de l'amener à te croire. *Paul m'a convaincu qu'il ne mentait pas.*

convaincu, convaincue adj.
Une personne **convaincue** d'une chose en est certaine.

conversation n. f.
Deux personnes qui parlent ensemble ont une **conversation**.

copie n. f.
Une **copie** est la reproduction fidèle de quelque chose. *Hélène a tellement aimé le tableau qu'elle en a fait une copie.*

coq n. m.
Le **coq** est le mâle de la poule.

coquillage n. m.
Un **coquillage** est un animal le plus souvent marin, dont le corps est protégé par une coquille.

coquille n. f.
Une **coquille** est une enveloppe dure autour de quelque chose. Les œufs, les escargots et les coquillages ont une **coquille**.

corde n. f.
1. Une **corde** est faite de plusieurs brins entortillés. On utilise souvent des **cordes** pour tirer ou attacher quelque chose.
2. Certains instruments, tel le violon, ont des **cordes**. On pince ou on frotte ces **cordes** pour en tirer des sons.

la corne

corne n. f.
Une **corne** est un organe dur, long et pointu qui pousse sur la tête de certains animaux. Les vaches, les chèvres et les taureaux ont des **cornes**.

corps n. m.
Le **corps** d'une personne ou d'un animal, c'est toute la personne ou tout l'animal. Les jambes, les épaules et la tête font partie de ton **corps**.

correct, correcte adj.
Une phrase **correcte** n'a pas de fautes.
Autres mots : **bon**, **exact**

corriger v.
[je corrige, il corrige, nous corrigeons]
Quand la maîtresse **corrige** tes devoirs, elle vérifie que tu n'as pas fait d'erreurs.

costume n. m.
1. Un **costume** est un pantalon et une veste assortis. Les hommes portent des **costumes**.
2. Un **costume** est aussi un ensemble de vêtements qu'on porte pour se déguiser. *Robert porte un* **costume** *d'ourson dans la pièce de théâtre.*

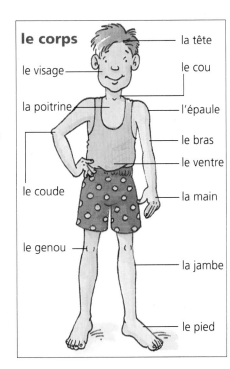

côte n. f.
1. Une **côte** est un des os de forme ovale situés sur les côtés du corps, entre la taille et les épaules. Les **côtes** protègent le cœur et les poumons.
2. Une **côte** est aussi une pente.
3. La **côte** est la partie de terre qui est au bord de la mer.
4. Marcher **côte à côte**, c'est marcher l'un à côté de l'autre.

le corps

la tête

le visage

le cou

la poitrine

l'épaule

le bras

le ventre

le coude

la main

le genou

la jambe

le pied

côté n. m.
1. Un **côté** est une des surfaces d'un objet. *Les deux* **côtés** *d'une feuille de papier. Les six* **côtés** *d'un cube.*
2. Un **côté** est le camp qu'on choisit. *De quel* **côté** *es-tu ?*
3. Si tu es **à côté de** quelqu'un ou **de** quelque chose, tu en es tout près. *À l'école, je suis assise* **à côté de** *Samuel.*

coton n. m.
On utilise le **coton** pour faire des vêtements. Le **coton** provient d'un arbuste, le cotonnier.

cou n. m.
Le **cou** est la partie du corps qui relie la tête et les épaules.

couche n. f.
1. Une **couche** de peinture est de la peinture qu'on étale uniformément sur une surface.
2. Une **couche** est un linge absorbant dont on recouvre les fesses d'un bébé. Autre mot : **lange**

coucher v.
[je couche, il couche, nous couchons]
1. Quand ta maman te **couche**, elle te met au lit.
2. **Se coucher**. Quand tu **te couches**, tu allonges ton corps sur un lit ou sur une autre surface plane. Contraire : **se lever**
3. On dit que le soleil **se couche** quand il descend à l'horizon et disparaît pour toute la nuit. Le soleil **se couche** à l'ouest. Contraire : **se lever**

coude n. m.
Le **coude** est au milieu du bras, là où celui-ci se plie.

coudre v.
[je couds, il coud, nous cousons]
Quand tu **couds**, tu fais tenir ensemble des morceaux de tissu au moyen d'un fil et d'une aiguille.

couette n. f.
Une **couette** est un édredon recouvert d'une housse.

couler v.
[je coule, il coule, nous coulons]
1. De l'eau qui **coule** va dans une direction. *Les fleuves coulent vers la mer*.
2. Quand un objet **coule**, il s'enfonce dans l'eau. *La chaussure de Thomas a coulé jusqu'au fond du ruisseau*.
Contraire : **flotter**
3. **Couler** signifie laisser échapper un liquide. *Mon stylo coule*.

couleur n. f.
Le rouge, le jaune et le bleu sont les **couleurs** primaires. On peut obtenir d'autres **couleurs** en les mélangeant.

les couleurs

le rouge — le jaune — le bleu
le rose — l'orange — le vert
le marron — le violet — le blanc
le noir

couloir n. m.
Un **couloir** est un long passage dans un immeuble, une maison ou un train.
Autre mot : **corridor**

couper v.
[je coupe, il coupe, nous coupons]
1. Quand tu **coupes** une chose, tu la mets en morceaux au moyen d'un couteau ou de ciseaux.
2. **Se couper**. Si tu **te coupes**, tu t'entailles la peau avec un objet tranchant.

courageux, courageuse adj.
Si tu es **courageux**, c'est que tu n'as pas peur du danger ou de faire quelque chose. *Christophe a été courageux chez le dentiste, il n'a pas pleuré*.

courbe n. f.
Une **courbe** est une ligne qui n'est pas droite, qui tourne.
Contraire : **droite**

courir v.
[je cours, il court, nous courons]
Quand tu **cours**, tu te déplaces rapidement sur tes jambes. *Katie court pour rattraper Fabien*.

couronne n. f.
Une **couronne** est un cercle fait avec de l'or, de l'argent et des pierres précieuses que les rois et les reines portent autour de la tête.

courrier n. m.
Le **courrier** est l'ensemble des lettres que l'on met à la poste ou que l'on reçoit.

courroie n. f.
Une **courroie** est une bande de cuir ou d'un autre matériau. On s'en sert souvent pour attacher des objets ensemble.

course n. f.
Une **course** est une compétition pour savoir qui court le plus vite. *Alain a gagné la course*.

court, courte adj.
Ce qui est **court** n'est pas long.

cousin n. m., cousine n. f.
Ton **cousin** est le fils de ton oncle et de ta tante. Ta **cousine** est la fille de ton oncle et de ta tante.

coussin n. m.
Un **coussin** est constitué d'une enveloppe de matière souple, cousue et rembourrée. *Les coussins d'un canapé*.

couteau n. m.
Un **couteau** est un instrument qu'on utilise pour couper quelque chose. Les **couteaux** ont une lame de métal et un manche.

coûter v.
[il coûte, ils coûtent]
Ce que **coûte** un objet est la somme d'argent que tu dois donner pour l'acheter. *Combien **coûte** ce manteau ?*

couvercle n. m.
Le **couvercle** est le dessus d'un récipient ou d'une boîte. Pour ouvrir une boîte, il faut soulever le **couvercle**.

couverture n. f.
1. Une **couverture** est une grande pièce de tissu que l'on met sur le lit pour tenir chaud.
2. Une **couverture** est aussi ce qui recouvre un livre ou un cahier. *Mon livre a une **couverture** verte.*

couvrir v.
[je couvre, il couvre, nous couvrons]
Quand tu **couvres** un objet, tu mets quelque chose par-dessus. *Monica **a couvert** la casserole avec son couvercle.*

crabe n. m.
Un **crabe** est un animal à carapace dure qui vit dans la mer. Les **crabes** ont dix pattes. Les pattes avant s'appellent des pinces.

un crabe

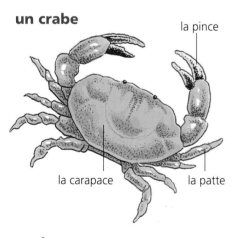

la pince
la carapace
la patte

craie n. f.
La **craie** est une roche tendre. On peut en faire des bâtons, qu'on utilise pour écrire ou dessiner.

craindre v.
[je crains, il craint, nous craignons]
Quand tu **crains** quelque chose, tu en as peur. *Josée **craint** que Michel ne tombe de l'arbre.*

crâne n. m.
Le **crâne** est l'ensemble des os de la tête. Le cerveau se trouve dans le **crâne**.

crapaud n. m.
Un **crapaud** est un animal qui ressemble à une grenouille. Les **crapauds** ont une peau rugueuse et sèche et vivent sur terre.

craquement n. m.
Un **craquement** est un petit bruit sec. *Élise a entendu un **craquement** lorsqu'elle a cassé la branche.*

crasse n. f.
La **crasse** est la couche de saleté qui se forme sur la peau, le linge, les objets. *Les mains d'Odile sont couvertes de **crasse**.*

cravate n. f.
Une **cravate** est un long morceau de tissu qu'on porte noué autour du cou. *Une **cravate** à pois.*

crayon n. m.
1. Un **crayon** est une longue mine de plomb entourée de bois. On dessine et on écrit avec un **crayon**.

2. Un **crayon de couleur** a une mine colorée. Certains de ces crayons peuvent aussi être en cire.

crèche n. f.
1. Une **crèche** est une mangeoire pour le bétail. *La **crèche** d'une bergerie.* Selon la tradition de Noël, Jésus fut placé à sa naissance dans une **crèche** dans l'étable de Bethléem.
2. Une **crèche** est un endroit où l'on garde de jeunes enfants dont les parents travaillent.
Autre mot : **garderie**

crème n. f.
1. La **crème** est la partie grasse du lait. On peut l'utiliser en cuisine ou en mettre sur les desserts.
2. Une **crème glacée** est une glace.

crêpe n. f.
Une **crêpe** est une galette mince et plate. On fait des **crêpes** en mélangeant du lait, des œufs et de la farine.

creuser v.
[je creuse, il creuse, nous creusons]
Quand tu **creuses**, tu fais un trou dans le sol. En général, on **creuse** avec une pelle.

creux, creuse adj.
Ce qui est **creux** est vide à l'intérieur. *Nous sommes passés dans le tronc* **creux**.

crever v.
[je crève, il crève, nous crevons]
Lorsqu'un objet **crève**, il s'ouvre en éclatant. *Le sac* **a crevé** *et toutes les pommes sont tombées par terre. Un pneu de ma bicyclette* **a crevé**.

crier v.
[je crie, il crie, nous crions]
Quand tu **cries**, tu produis des sons forts avec ta voix. *Rachel* **crie** *à Sarah de lui envoyer la balle.*

crochet n. m.
1. Un **crochet** est un morceau de métal ou de plastique recourbé. On utilise des **crochets** pour accrocher et suspendre des objets.
2. Les **crochets** sont aussi les longues dents pointues des serpents.

crocodile n. m.
Un **crocodile** est un reptile qui vit dans les cours d'eau des pays chauds. Les **crocodiles** ont des dents pointues, des pattes courtes et une longue queue.

croire v.
[je crois, il croit, nous croyons]
Quand tu **crois** à une chose, tu penses qu'elle est vraie. *Patrick* **croit** *aux extraterrestres.*

croix n. f.
Une **croix** est un signe qui ressemble à un « x » ou à un « + ».

croquis n. m.
Quand tu fais un **croquis**, tu fais un dessin rapide, au moyen d'un crayon. *Lucie a fait un* **croquis** *de son frère en train de manger un sandwich.*

croûte n. f.
La **croûte** est la partie extérieure dure du pain ou du fromage. *Nathan ne mange jamais la* **croûte** *de son pain.*

cru, crue adj.
La nourriture **crue** n'a pas été cuite. *Des carottes* **crues**.

cruel, cruelle adj.
Les personnes **cruelles** sont méchantes. Elles aiment faire du mal aux autres ou aux animaux.

cube n. m.
Un cube est une forme avec six faces carrées. Un dé est un **cube**.
● *Voir* **les formes** *à la page 48*

cueillir v.
[je cueille, il cueille, nous cueillons]
Quand tu **cueilles** des fleurs ou des fruits, tu les prends sur une plante ou un arbre.

cuillère n. f.
On utilise une **cuillère** pour manger ou pour faire la cuisine. Les **cuillères** ont un manche et un bout arrondi pour contenir du liquide.
On écrit aussi : **cuiller**

cuir n. m.
Le **cuir** est la peau d'un animal travaillée. On en fait des chaussures et des sacs.

cuire v.
[je cuis, il cuit, nous cuisons]
Lorsque tu **fais cuire** un aliment, tu le mets à chauffer sur la cuisinière ou dans le four jusqu'à ce qu'il soit bon à manger.

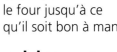

cuisine n. f.
La **cuisine** est la pièce où on prépare les repas.

cuisse n. f.
La **cuisse** est la partie supérieure de la jambe, entre le genou et la hanche. *Le chat ronronne sur mes* **cuisses**.

culbute n. f.
Tu fais une **culbute** quand tu roules vers l'avant et que tes pieds passent par-dessus ta tête. On peut faire des **culbutes** sur le sol ou dans les airs.
Autres mots : **cabriole**, **galipette**, **roulade**

Dd

culotte n. f.
1. Une **culotte** est un sous-vêtement féminin avec deux trous pour les jambes.
Autre mot : **slip**
2. Une **culotte courte** est un pantalon qui s'arrête au-dessus des genoux. On en porte une lorsqu'on fait du sport ou qu'il fait chaud.
Autres mots : **bermuda, short**

culture n. f.
Quand on fait la **culture** d'une plante, on la fait pousser. Par exemple, on peut faire la **culture** du blé, des pommes de terre ou du riz.

curieux, curieuse adj.
Une personne **curieuse** veut toujours tout savoir.

cycliste n. m. et f.
Un **cycliste** est une personne qui utilise une bicyclette pour se déplacer ou pour faire du sport.
*La **cycliste** pédale à toute vitesse.*

cygne n. m.
Un **cygne** est un grand oiseau blanc qui a un long cou. Les **cygnes** vivent sur les rivières et les lacs.

cylindre n. m.
Un **cylindre** est un objet de forme arrondie semblable à un rouleau.
● *Voir **les formes** à la page 48*

dame n. f.
1. Une **dame** est une femme.
2. Les **dames** sont un jeu pour deux personnes. On joue aux **dames** en déplaçant des pions sur un damier portant des carrés noirs et blancs.

damier n. m.
Un **damier** est un dessin composé de petits carreaux de couleurs différentes. *Le dessin du drapeau était un **damier** noir et blanc.*

danger n. m.
Un **danger** est quelque chose qui pourrait se produire et faire du mal.

dangereux, dangereuse adj.
Quelque chose de **dangereux** peut faire du mal ou tuer. *Cet animal peut être **dangereux**, ne t'en approche pas.*
Contraire : **inoffensif**

dans prép.
1. **Dans** signifie à l'intérieur.
*Johanne est **dans** sa chambre.*
Contraire : **dehors**
2. **Dans** indique un moment.
*Johanne sortira **dans** une heure.*

danser v.
[je danse, il danse, nous dansons]
Quand tu **danses**, tu fais bouger ton corps au son d'une musique.

date n. f.
Si quelqu'un te demande la **date**, tu dois lui dire le jour, le mois et l'année. *La **date** d'aujourd'hui est le 3 décembre 1998.*

dé n. m.
Un **dé** est un cube portant un nombre différent de points (de 1 à 6) sur chaque face. On utilise des **dés** pour certains jeux.

debout adv.
Quand tu es **debout**, tu te tiens tout droit sur tes jambes, en position verticale.

débrancher v.
[je débranche, il débranche, nous débranchons]
Débrancher, c'est retirer la fiche d'un appareil de la prise pour qu'il arrête de fonctionner.
Contraire : **brancher**

déchirer v.
[je déchire, il déchire, nous déchirons]
1. Quand tu **déchires** un morceau de papier, tu le sépares en morceaux. *Vincent **a déchiré** de vieux papiers.*
2. **Se déchirer**. Quand une chose **se déchire**, elle se fend. *La jupe de Nadine **s'est déchirée**.*

décider v.
[je décide, il décide, nous décidons]
1. **Décider** signifie prendre la décision de faire quelque chose. *Nous **avons décidé** d'aller au cinéma.*
2. Quand tu **te décides** pour quelque chose, tu choisis une chose plutôt qu'une autre. *Paul **s'est décidé** pour une glace à la vanille.*

décorer v.
[je décore, il décore, nous décorons]
Quand tu **décores** une chose, tu lui mets des ornements pour la rendre plus jolie. *Magali **a décoré** la salle à manger pour son anniversaire.*

découvrir v.
[je découvre, il découvre, nous découvrons]
Quand on **découvre**, on trouve quelque chose qui était inconnu jusque-là. *Sais-tu qui **a découvert** l'Amérique?*

décrire v.
[je décris, il décrit, nous décrivons]
Quand tu **décris** une chose, tu expliques à quoi elle ressemble. *Tristan **décrit** sa nouvelle maison à ses amis.*

déçu, déçue adj.
Si tu es **déçu**, tu es triste parce que quelque chose ne s'est pas passé. *Georges était **déçu** lorsqu'il a appris que son ami ne pourrait pas venir.*

dedans adv.
Dedans signifie à l'intérieur. *Voilà la penderie. Range tes vêtements **dedans**.*
Contraire : **dehors**

défense n. f.
1. Quand tu prends la **défense** d'un ami, tu cherches à le protéger de quelqu'un d'autre.
2. Une **défense** d'éléphant est une des deux longues dents pointues de chaque côté de sa trompe.

dégât n. m.
Un **dégât** est un dommage causé par accident à quelque chose. *L'inondation a fait beaucoup de **dégâts**.*

dégel n. m.
Le **dégel** est la fonte de la neige et de la glace quand la température s'élève. *Souvent au moment du **dégel** les cours d'eau débordent.*

déguisement n. m.
Quand tu portes un **déguisement**, tu portes un costume particulier qui te transforme en reine, en pirate ou en robot.

dehors adv.
Dehors signifie à l'extérieur. *Les enfants sont allés **dehors**.*
Contraires : **dans**, **dedans**

déjà adv.
1. **Déjà** signifie avant. *J'ai **déjà** lu ce livre.*
2. **Déjà** signifie dès ce moment. *À trois ans, Aline sait **déjà** compter jusqu'à dix.*

déjeuner n. m.
1. Le **déjeuner** est le repas du midi.
2. Le **petit déjeuner** est le premier repas de la journée.

délicieux, délicieuse adj.
La nourriture et les boissons qui sont **délicieuses** ont bon goût et sentent très bon.
Autres mots : **savoureux**, **succulent**

demain adv.
Demain est le jour après aujourd'hui. ***Demain**, papa nous emmène à la plage.*

demander v.
[je demande, il demande, nous demandons]
1. Quand tu **demandes** une chose, tu dis que tu la veux. *Claire **a demandé** un verre de jus de fruits à sa maman.*
2. Quand tu **demandes** quelque chose, tu poses une question à quelqu'un. *Guillaume m'**a demandé** où j'habitais.*
3. **Se demander**, c'est se poser une question à soi-même. *Jessica **se demande** quel chemin elle doit prendre.*

déménager v.
[je déménage, il déménage, nous déménageons]
Quand tu **déménages**, tu quittes une maison pour t'installer dans une autre. *Amélie **a déménagé** à la campagne.*

demi n. m., **demie** n. f.
Demi est la moitié d'une unité. La **demie** de 6 heures est une demi-heure après 6 heures.

demi, demie adj.
Demi signifie qui est la moitié d'un tout. *Pierrot a trois ans et **demi**. Deux heures et **demie**.*

démonter v.
[je démonte, il démonte, nous démontons]
Si tu **démontes** un objet, tu en sépares les différentes parties. *Benoît **démonte** sa bicyclette pour en nettoyer toutes les pièces.*

dent n. f.
1. Les **dents** sont blanches et dures. Elles se trouvent dans la bouche. Tu utilises tes **dents** pour mordre et mâcher les aliments.
2. Une **dent** est aussi un des éléments longs d'un peigne. *J'avais trop de nœuds dans les cheveux et deux **dents** de mon peigne se sont cassées.*

dentelle n. f.
La **dentelle** est un tissu fin comportant de nombreux trous. On s'en sert parfois pour décorer des vêtements.

dentifrice n. m.
Le **dentifrice** est une pâte épaisse qu'on met sur la brosse à dents pour se brosser les dents.

dentiste n. m. et f.
Un (ou une) **dentiste** est quelqu'un qui soigne les dents.

dépareillé, dépareillée adj.
Deux chaussettes **dépareillées** ne forment pas une paire.

dépasser v.
[je dépasse, il dépasse, nous dépassons]
1. Quand tu **dépasses** quelqu'un en marchant, tu passes à côté de lui, puis tu marches devant lui.
2. Si tu **dépasses** quelqu'un en hauteur, c'est que tu es plus grand que lui.

dépêcher (se) v.
[je me dépêche, il se dépêche, nous nous dépêchons]
Quand tu **te dépêches**, tu fais tout rapidement. *Marion **se dépêche** de s'habiller pour ne pas arriver en retard à l'école.*
Autre mot : **se presser**
Contraires : **lambiner**, **prendre son temps**, **traîner**

dépenser v.
[je dépense, il dépense, nous dépensons]
Quand tu **dépenses** de l'argent, tu t'en sers pour acheter quelque chose. *Richard **a dépensé** tout son argent de poche en bonbons.*
Contraire : **faire des économies**

déplacer v.
[je déplace, il déplace, nous déplaçons]
1. Si on **déplace** une chose, c'est qu'on la change d'endroit. *Anne **a déplacé** les chaises.*
Contraire : **replacer**
2. **Se déplacer**. Quand tu **te déplaces**, tu quittes ta place ou tu changes de lieu. *Andrée **s'est déplacée** un peu pour permettre à son père de s'asseoir.*

déplier v.
[je déplie, il déplie, nous déplions]
Déplier, c'est mettre à plat quelque chose qui était plié.
Contraire : **plier**

déposer v.
[je dépose, il dépose, nous déposons]
Quand tu **déposes** un objet, tu le mets quelque part.

depuis prép.
Depuis signifie à partir de. ***Depuis** le matin jusqu'au soir.*

déranger v.
[je dérange, il dérange, nous dérangeons]
Si tu **déranges** un ami, tu l'obliges à arrêter ce qu'il est en train de faire. *Renaud me **dérange** tout le temps quand je lis.*

déraper v.
[je dérape, il dérape, nous dérapons]
Un véhicule qui **dérape** glisse sur le côté. *La voiture **a dérapé** sur la glace.*

dernier, dernière adj.
La **dernière** chose vient après toutes les autres, elle est à la fin. *Z est la **dernière** lettre de l'alphabet.*

derrière n. m.
Le **derrière** est la partie du corps sur laquelle on s'assoit.
Autres mots : **fesses**, **postérieur**

derrière prép. et adv.
Derrière signifie en arrière de quelque chose, de l'autre côté. *François s'est caché **derrière** l'arbre.*
Contraire : **devant**

désaccord n. m.
Être en **désaccord**, c'est ne pas être d'accord. *Maryse et Julien sont en **désaccord** à propos des vacances.*

désagréable adj.
1. Une chose **désagréable** déplaît. *Les piqûres de moustiques sont **désagréables**. Une odeur **désagréable**.*
2. Une personne **désagréable** dit des choses blessantes ou fait des choses qui dérangent.
Contraire : **agréable**

désastre n. m.
Un **désastre** est un événement grave qui cause de grands malheurs. *Un incendie a ravagé l'immeuble; c'est un **désastre**.*

descendre v.
[je descends, il descend, nous descendons]
Quand on **descend**, on va vers le bas.
Contraires : **monter**, **s'élever**

désert n. m.
Un **désert** est un vaste espace où il ne pleut jamais, ou presque jamais. Les **déserts** sont très secs et souvent couverts de sable.

déshabiller (se) v.
[je me déshabille, il se déshabille, nous nous déshabillons]
Quand tu **te déshabilles**, tu enlèves tes vêtements.
Contraire : **s'habiller**

désobéir v.
[je désobéis, il désobéit, nous désobéissons]
Si tu **désobéis**, tu ne fais pas ce qu'on t'a demandé de faire.
Contraire : **obéir**

désolé, désolée adj.
Être **désolé**, c'est regretter, avoir de la peine. *Je suis **désolé** de vous avoir fait attendre.*

désordre n. m.
On trouve des objets partout, sauf à leur place dans une pièce en **désordre**. *Ma chambre est en **désordre**, il faut que je la range.*
Contraire : **ordre**

dessert n. m.
Un **dessert** est un aliment ou un mets sucré que l'on mange à la fin d'un repas. *Tania a pris de la salade de fruits comme **dessert**.*

dessin n. m.
1. Un **dessin** est une image faite à l'aide de traits.
2. Un **dessin animé** est un film où les personnages sont des dessins plutôt que de vraies personnes.

dessiner v.
[je dessine, il dessine, nous dessinons]
Quand tu **dessines**, tu représentes une image avec des crayons sur du papier.

dessous prép. et adv.
Dessous signifie à la partie inférieure, sous quelque chose. *Soulève ton oreiller. Ton pyjama se trouve **dessous**.*
Contraire : **dessus**
On écrit : **au-dessous**, **là-dessous**, mais **en dessous**

dessus prép. et adv.
1. **Dessus** signifie sur. *La glace est solide. Tu peux marcher **dessus**.*
Contraire : **dessous**
On écrit : **au-dessus**, **là-dessus**, **par-dessus**, mais **en dessus**
2. **Par-dessus** une chose, c'est sur celle-ci, de manière à la couvrir. *Pierre a enfilé un chandail **par-dessus** sa chemise.*
3. **Au-dessus de** signifie plus haut que. *L'avion est passé **au-dessus de** la maison.*
Contraire : **au-dessous de**

détacher v.
[je détache, il détache, nous détachons]
Quand tu **détaches** quelque chose, tu défais ce qui est attaché. *Thierry a détaché sa ceinture.*
Contraire : **attacher**

détendre (se) v.
[je me détends, il se détend, nous nous détendons]
Quand tu **te détends**, tu fais quelque chose d'agréable pour te reposer. *Fabien aime **se détendre** en écoutant de la musique.*

déterrer v.
[je déterre, il déterre, nous déterrons]
Déterrer, c'est sortir quelque chose de la terre.
Contraires : **enfouir**, **enterrer**

détester v.
[je déteste, il déteste, nous détestons]
Si tu **détestes** une chose, c'est que tu ne l'aimes pas du tout. *Marc **déteste** le chou.*
Contraires : **adorer**, **aimer**

détritus n. m.
Des **détritus** sont des ordures. *Les rues sont sales et pleines de **détritus**.*

détruire v.
[je détruis, il détruit, nous détruisons]
Un objet **détruit** est tellement abîmé qu'il ne peut plus être réparé. *La tempête **a détruit** la remise au fond du jardin.*

devant prép. et adv.
Devant signifie en face de. *Lucie attend **devant** la porte de l'école.*
Contraire : **derrière**

devenir v.
[je deviens, il devient, nous devenons]
Si une chose en **devient** une autre, c'est qu'elle se transforme. *Les chenilles **deviennent** des papillons.*

deviner v.
[je devine, il devine, nous devinons]
On **devine** la réponse à une question quand on la trouve par supposition, sans la connaître auparavant. *Samuel essaie de*

deviner combien de bonbons il y a dans le bocal.

devinette n. f.
Une **devinette** est une question qui a une réponse surprenante et amusante.

dévisager v.
[je dévisage, il dévisage, nous dévisageons]
Quand tu **dévisages** quelqu'un, tu le regardes longuement, avec attention.

devoir n. m.
Un **devoir** est un travail qu'un professeur te donne à faire à la maison.

devoir v.
[je dois, il doit, nous devons]
1. Si tu **dois** faire une chose, tu es obligé de la faire. *Je **dois** partir avant la nuit.*
2. Si tu **dois** de l'argent à quelqu'un, c'est que tu dois lui donner une certaine somme d'argent.

diamant n. m.
Un **diamant** est une pierre précieuse très dure. Les **diamants** sont transparents et brillants.

dictionnaire n. m.

Un **dictionnaire** est un livre de mots. Les **dictionnaires** expliquent ce que veulent dire les mots et comment on doit les écrire.

différent, différente adj.

Si une chose est **différente**, c'est qu'elle n'est pas pareille aux autres.
Contraire : **identique**

difficile adj.

Il faut travailler dur pour réussir une chose **difficile**. *Le texte est **difficile** à comprendre.*
Autre mot : **dur**
Contraire : **facile**

difficulté n. f.

1. Ce qui rend quelque chose difficile. *La **difficulté** d'un texte.*
2. Avoir des **difficultés**, c'est avoir des problèmes, trouver certaines choses difficiles. *Des **difficultés** d'argent.*
3. **Être en difficulté**, c'est avoir besoin d'aide. *Ce nageur **est en difficulté**, allons le sauver !*

diminuer v.

[je diminue, il diminue, nous diminuons]
Diminuer, c'est réduire, rendre plus petit.
Contraire : **augmenter**

dinde n. f.

Une **dinde** est un gros oiseau qu'on élève dans une ferme pour le manger. *On a mangé de la **dinde** à Noël.*

dîner n. m.

Le **dîner** est le repas du soir.
Autre mot : **souper** (dans certains pays ou certaines régions)

dinosaure n. m.

Les **dinosaures** sont des reptiles qui vivaient il y a des millions d'années. Certains **dinosaures** étaient énormes et féroces.

dire v.

[je dis, tu dis, il dit, nous disons, vous dites, il disent]
1. Quand tu **dis** quelque chose, tu prononces des mots pour faire des phrases. *Marc m'**a dit** : « Bonjour. Comment vas-tu ? »*
2. Quand tu **dis** à quelqu'un de faire une chose, tu lui demandes de la faire. *Maman m'**a dit** d'aller dans ma chambre.*
3. Si tu peux **dire** une chose, c'est que tu l'affirmes. *Je te **dis** que je ne suis pas malade !*

discuter v.

[je discute, il discute, nous discutons]
Quand tu **discutes** d'une chose, tu en parles avec quelqu'un d'autre. *On **a discuté** de l'heure de notre rendez-vous.*

disparaître v.

[je disparais, il disparaît, nous disparaissons]
Si une chose **disparaît**, tu ne peux plus la voir. *Le soleil **a disparu** derrière un gros nuage.*
Contraire : **apparaître**

disparu, disparue adj.

1. Une personne **disparue** est une personne qu'on n'arrive pas à retrouver.
2. Une plante ou un animal **disparu** n'existe plus. *Le dodo est une espèce **disparue** depuis le XVIIIe siècle.*

dispute n. f.

Deux personnes ont une **dispute** lorsqu'elles ne sont pas d'accord sur quelque chose et donnent leur opinion en se fâchant.
Autre mot : **querelle**

les dinosaures

le diplodocus

le stégosaure

le tyrannosaure

le tricératops

disputer (se) v.
[je me dispute, il se dispute,
nous nous disputons]
Quand tu **te disputes** avec
quelqu'un, tu lui dis des choses
désagréables. *Héloïse **se dispute**
souvent avec son frère.*
Autres mots : **se chamailler,
se quereller**

disque n. m.
1. Un **disque** est une plaque ronde
sur laquelle on a enregistré des sons.
2. Un **disque compact** ou CD est un
disque lu par faisceau laser.

disquette n. f.

Une **disquette** est un
morceau de métal
et de plastique
qui contient des
données informatiques.

dissoudre v.
[je dissous, tu dissous, il dissout,
nous dissolvons, vous dissolvez,
ils dissolvent]
Quand tu **dissous** du sucre dans
l'eau, il se mélange à celle-ci et
tu ne le vois plus.

distance n. f.
La **distance** entre deux choses est
l'espace qui les sépare. *Nous avons
mesuré la **distance** entre ces deux
tables.*

distrait, distraite adj.
Une personne **distraite** ne pense
pas à ce qu'elle fait. *Frédéric est
distrait, il oublie toujours son
parapluie.*
Contraire : **attentif**

diviser v.
[je divise, il divise, nous divisons]
1. Quand tu **divises** une chose, tu la
sépares en plusieurs parties. *Quentin
a divisé le gâteau en six parts.*
2. Quand tu **divises** un nombre par
un autre, tu cherches à savoir
combien de fois on trouve le plus
petit dans le plus grand. *Yoann sait
diviser 12 par 2.*

12 : 2 = 6

doigt n. m.
Les **doigts** sont les parties longues
et minces qui terminent la main.
On a cinq **doigts** à chaque main.
Un de ces **doigts** s'appelle le
pouce.

domestique n. m. et f.
Un (ou une) **domestique** est une
personne dont le métier est d'être
au service de quelqu'un.
*Autrefois, les gens riches avaient de
nombreux **domestiques**.*

domestique adj.
Domestique signifie qui vit avec
l'homme et a été apprivoisé. *Le
chien est un animal **domestique**.*

donner v.
[je donne, il donne, nous donnons]
Quand tu **donnes** un objet à un
ami, tu lui permets de le garder.
*Marianne adore **donner** des jouets
à ses amis.*
Contraire : **recevoir**

dormir v.
[je dors, il dort, nous dormons]
Dormir, c'est être dans un état de
sommeil. *Martin **dort** à poings
fermés.*

dos n. m.
Le **dos** est la partie du corps qui se
trouve entre le cou et les fesses.

dossier n. m.
1. Le **dossier** est la partie d'un siège
contre laquelle on appuie son dos.
2. Un **dossier** est aussi un ensemble
de photos et de renseignements sur
un sujet. *Nous avons monté un
dossier sur les autruches.*

double n. m.
Le **double** est une quantité qui
équivaut à deux fois une autre.
*Dix est le **double** de cinq.*

double adj.
Ce qui est **double** est répété deux
fois. *En **double** exemplaire.*

doubler v.
[je double, il double, nous doublons]
Quand un véhicule en **double** un
autre, il passe à côté du premier, puis
devant. *Une moto **a doublé** l'auto
de papa.*

douche n. f.
Une **douche** est
un appareil qui
envoie de
l'eau par petits
jets. On se
lave en se
tenant sous
la **douche**.

douleur n. f.
Tu ressens une **douleur** quand tu as
mal, quand tu t'es blessé.

douloureux,
douloureuse adj.
Une chose **douloureuse** fait mal,
donne des douleurs. *Les piqûres sont
douloureuses.*

doute n. m.
Avoir un **doute** sur une chose, c'est
ne pas être sûr qu'elle est vraie.
*Simon avait des **doutes** sur
l'explication de Laura.*

doux, douce adj.
1. Une chose **douce** est lisse et
agréable au toucher. *La soie est
douce.*
Contraire : **rugueux**
2. Une personne qui a une voix
douce parle doucement et
gentiment, ne crie pas.
3. De l'eau **douce** est de l'eau qui
n'est pas salée. L'eau est **douce**
dans les rivières, les lacs et les
mares.

dragon n. m.
Un **dragon** est un monstre qui n'existe que dans les histoires. Il a des ailes et une longue queue, et crache du feu.

drame n. m.
Un **drame** est un événement terrible, tragique.

drap n. m.
Un **drap** de lit est un grand morceau de tissu qu'on utilise pour couvrir un matelas et pour se couvrir.

drapeau n. m.
Un **drapeau** est un morceau de tissu portant des couleurs et des dessins. *Chaque pays du monde a son propre* **drapeau**. *Voici le* **drapeau** *des États-Unis.*

dresser v.
[je dresse, il dresse, nous dressons]
1. **Dresser**, c'est tenir droit. *Dresser la tête.*
2. Quand on **dresse** des animaux, on les habitue à effectuer certaines choses. *Ce chien est bien* **dressé**.

droit, droite adj.
1. Une ligne **droite** n'est ni courbe, ni en zigzag. Elle va toujours dans la même direction. On utilise une règle pour tracer des lignes **droites**.
2. Tu as une main **droite** et une main gauche. La plupart des gens écrivent avec la main **droite**.
Contraire : **gauche**

la main droite

droite n. f.
La **droite** est le côté droit. *C'est à votre* **droite**.

drôle adj.
1. Une personne ou une chose **drôles** sont amusantes, font rire.
2. Ce qui est **drôle** est aussi bizarre, surprenant. *Paul a un* **drôle** *d'air aujourd'hui.*

dromadaire n. m.
Un **dromadaire** est un grand animal qui a une bosse sur le dos. Les **dromadaires** transportent des gens et des objets à travers le désert.

dune n. f.
Une **dune** est une colline de sable formée par le vent au bord de la mer ou dans un désert.

dur, dure adj.
1. Quelque chose de **dur** est solide et ne se déforme pas. Le bois et l'acier sont **durs**.
Contraire : **mou**
2. Ce qui est **dur** est difficile à faire ou à comprendre. *Un travail* **dur** *est pénible.*
Autre mot : **difficile**
Contraire : **facile**

Ee

eau n. f.
L'**eau** est le liquide clair qu'on trouve dans les rivières, les mers, et qui tombe en gouttes de pluie. Les hommes, les animaux et les plantes ont besoin d'**eau** pour vivre. *De l'***eau** *potable est de l'***eau** *que l'on peut boire.*

écaille n. f.
Les **écailles** sont de petites plaques qui recouvrent la peau des poissons et des serpents.

écart n. m.
1. Un **écart** est la distance entre deux choses qu'on écarte ou qui s'écartent l'une de l'autre. *L'***écart** *des branches d'un compas.*
2. **Rester à l'écart**, c'est rester tout seul dans son coin.

échanger v.
[j'échange, il échange, nous échangeons]
Quand tu **échanges** des objets avec quelqu'un, vous vous donnez et recevez des choses semblables ou de même valeur. *Philippe et François* **ont échangé** *des billes.*

échapper v.
[j'échappe, il échappe, nous échappons]
1. Au cinéma, quand le héros **échappe** à ses poursuivants, il n'est pas pris.
2. **S'échapper**. Quand un animal **s'échappe**, il se sauve en dehors d'un endroit où on voulait le garder. *Le chat* **s'est échappé** *dans la rue.*

écharpe n. f.
Une **écharpe** est un long morceau de tissu qu'on enroule autour du cou. On porte une **écharpe** pour tenir chaud.

échec n. m.
1. Un **échec**, c'est quelque chose qu'on n'a pas réussi.
2. Les **échecs** sont un jeu pour deux personnes. Tu joues aux **échecs** en faisant bouger des pièces, comme la reine ou le fou, sur un échiquier noir et blanc.

échelle n. f.
Une **échelle** est composée de deux montants réunis par des barreaux. Elle est en bois ou en métal, et on peut la déplacer. *Papa a grimpé à l'**échelle** pour aller sur le toit.*

écho n. m.
L'**écho** est un son que tu entends plusieurs fois. *Nos voix créaient un **écho** dans la caverne.*

éclabousser v.
[j'éclabousse, il éclabousse, nous éclaboussons]
Quand tu **éclabousses** quelqu'un ou quelque chose, tu l'arroses avec de l'eau. *À la mer, Sarah s'est amusée à **éclabousser** tous ses amis.*

éclair n. m.
Un **éclair** est une lumière forte qui dure très peu de temps. *Lors d'un orage, l'**éclair** précède le tonnerre.*

éclairer v.
[j'éclaire, il éclaire, nous éclairons]
Quand tu **éclaires** un objet, tu diriges un rayon de lumière sur lui. *Claude **éclaire** son visage avec sa lampe de poche.*

éclat n. m.
1. Un **éclat** est un petit morceau qui se détache de quelque chose qui s'est cassé.
2. Un **éclat de rire** est le bruit qu'on fait quand on se met tout à coup à rire très fort.

éclater v.
[j'éclate, il éclate, nous éclatons]
1. Quand une chose **éclate**, elle se casse en plusieurs morceaux en faisant un bruit. *Le ballon a éclaté.*
2. **Éclater** signifie aussi faire entendre un bruit violent et soudain. *Yves a éclaté de rire.*

éclore v.
[il éclôt, ils éclosent]
Quand un œuf **éclôt**, un petit oiseau ou un petit animal en sort.

école n. f.
Une **école** est un endroit où les enfants apprennent à lire et à écrire.

écorce n. f.
1. L'**écorce** de l'arbre est la partie dure qui recouvre le tronc et les branches.
2. L'**écorce** est aussi l'enveloppe dure de certains fruits. *L'**écorce** de l'orange est difficile à enlever.*

écouter v.
[j'écoute, il écoute, nous écoutons]
1. Quand tu **écoutes** quelque chose, tu t'appliques à l'entendre, tu y fais attention. *Le moniteur a demandé à tous les enfants de bien **écouter** la chanson.*
2. Quand tu **écoutes** quelqu'un, tu prêtes attention à cette personne et tu lui obéis. *Carl n'**écoute** pas toujours sa maman.*

écran n. m.
Un **écran** est une surface sur laquelle sont projetées des images. Les téléviseurs et les ordinateurs ont des **écrans**.

écraser v.
[j'écrase, il écrase, nous écrasons]
1. Quand tu **écrases** une chose, tu appuies dessus pour l'aplatir. *Joël a écrasé la tomate.*
2. **S'écraser**. Quand un avion est tombé ou qu'il a raté son atterrissage, on dit qu'il **s'est écrasé** au sol.

écrire v.
[j'écris, il écrit, nous écrivons]
1. Quand tu **écris**, tu traces des chiffres ou des lettres sur du papier au moyen d'un crayon ou d'un stylo.
2. Savoir **écrire** un mot, c'est savoir l'orthographe de ce mot. *Claire sait **écrire** son nom de famille.*

écriture n. f.
Une **écriture**, c'est la manière de former les lettres en écrivant. *David a une belle **écriture**.*

écureuil n. m.
Un **écureuil** est un petit animal qui a une longue queue touffue. Les **écureuils** vivent dans les arbres et sont très agiles.

effet n. m.
Un **effet** est ce qui arrive à cause de quelque chose. *Le sort a eu comme effet de transformer la grenouille en prince charmant.*

effort n. m.
Quand un travail te demande beaucoup d'**efforts**, tu dois mettre beaucoup d'énergie à le faire.

effrayant, effrayante adj.
Ce qui est **effrayant** fait peur. Autres mots : **effroyable**, **redoutable**, **terrible**, **terrifiant**

égal, égale adj.
Les choses qui sont **égales** sont pareilles. *Mélange des quantités égales de beurre et de sucre.*

égoïste adj.
Une personne **égoïste** préfère penser à elle plutôt qu'aux autres. Contraire : **généreux**

égout n. m.
Un **égout** est un tuyau souterrain qui évacue les eaux sales des villes.

égratigner (s') v.
[je m'égratigne, il s'égratigne, nous nous égratignons]
Tu **t'égratignes** quand tu te déchires légèrement la peau sur un objet pointu ou rugueux. *William s'est égratigné les bras en cueillant des mûres.*
Autres mots : **s'écorcher, s'érafler**

électricité n. f.
L'**électricité** est une sorte d'énergie qui produit de la lumière et de la chaleur. Elle est aussi utilisée pour faire fonctionner des machines.

élégant, élégante adj.
Une personne **élégante** est habillée avec soin et avec goût.

éléphant n. m.
Un **éléphant** est un très grand animal qui a une longue trompe et deux défenses.

élève n. m. et f.
Un (ou une) **élève** est quelqu'un à qui on enseigne quelque chose, souvent dans une école. *Il y a trente élèves dans ma classe.*

élevé, élevée adj.
1. Ce qui est **élevé** est haut. *Le sommet est le point le plus élevé d'une montagne.*
Contraire : **bas**
2. On dit que quelqu'un est **bien élevé** quand il est poli.
Contraire : **mal élevé**

élever v.
[j'élève, il élève, nous élevons]
1. **Élever** un enfant, c'est s'occuper de lui jusqu'à ce qu'il soit grand.
2. **S'élever**. Quand un objet **s'élève** dans les airs, il va vers le haut. *Les ballons se sont élevés dans le ciel.*
Autre mot : **monter**
Contraire : **descendre**

élire v.
[j'élis, il élit, nous élisons]
Élire le président d'une assemblée, le premier ministre ou le président de la République, c'est choisir une personne pour cette fonction.

éloigné, éloignée adj.
Une chose qui est **éloignée** d'une autre est à une grande distance de celle-ci, en est loin. *Ma maison est éloignée de l'école.*
Contraires : **près**, **proche**

emballage n. m.
Un **emballage** est un morceau de papier ou de plastique qui entoure un objet. *Le papier d'emballage d'un bonbon.*

emballer v.
[j'emballe, il emballe, nous emballons]
Quand tu **emballes** un objet, tu le recouvres avec du papier ou tu le places dans un carton. *Raphaël emballe le cadeau de Loïc avec du papier rouge.*
Contraire : **déballer**

embêter v.
[j'embête, il embête, nous embêtons]
1. **Embêter** quelqu'un, c'est l'agacer. *Arrête d'embêter ta sœur !*
2. **S'embêter**, c'est s'ennuyer. *Il pleuvait et je me suis embêté toute la journée.*

embrasser v.
[j'embrasse, il embrasse, nous embrassons]
Quand tu **embrasses** quelqu'un, tu lui donnes un baiser, souvent en le serrant dans tes bras. *Gina a embrassé son petit frère.*

émission n. f.
Une **émission** est la présentation, par exemple, d'un dessin animé à la télévision.

emmêlé, emmêlée adj.
Une chose **emmêlée** est mélangée, embrouillée. *La laine est tout emmêlée.*

emmener v.
[j'emmène, il emmène,
nous emmenons]
Quand tu **emmènes** quelqu'un,
tu l'accompagnes quelque part.
*Ma mère m'**emmène** à l'école.*

empêcher v.
[j'empêche, il empêche,
nous empêchons]
Quand tu **empêches** un ami de faire
une chose, tu agis pour qu'il ne
puisse pas la faire. *Julie **a empêché**
Luc de parler en lui mettant la main
sur la bouche.*
Contraire : **permettre**

empiler v.
[j'empile, il empile, nous empilons]
Quand tu **empiles** des objets, tu les
mets l'un par-dessus l'autre pour
former une pile. *Olivier **a empilé**
ses livres sur son bureau.*

empirer v.
[il empire, ils empirent]
Une situation qui **empire** devient
plus grave, plus inquiétante.
Contraire : **améliorer**

emporter v.
[j'emporte, il emporte,
nous emportons]
Emporter signifie prendre avec soi
et porter hors d'un lieu. *Jeannot
a emporté son jeu de cartes chez
son ami.*

empreinte n. f.
Tu laisses l'**empreinte**
de tes chaussures
quand tu marches
dans la neige.

emprunter v.
[j'emprunte, il emprunte,
nous empruntons]
1. Quand tu **empruntes** un objet à
un ami, il te le prête pour quelque
temps. *J'**ai emprunté** ses patins à
Marco.*
Contraire : **prêter**
2. Quand tu **empruntes** un chemin,
tu le prends. *J'**ai emprunté**
un sentier pour aller dans
la montagne.*

encore adv.
1. **Encore** signifie une fois de plus.
*J'ai **encore** raté le train !*
2. **Encore** signifie toujours. *Tu es
encore en pyjama !*

encre n. f.
L'**encre** est un liquide coloré qu'on
utilise pour écrire ou imprimer. *Ces
mots sont écrits avec une **encre** noire.*

encyclopédie n. f.
Une **encyclopédie** est un livre
qui contient des informations
sur de nombreux sujets différents.

endormir (s') v.
[je m'endors, il s'endort, nous nous
endormons]
Quand tu
t'endors,
tes yeux se
ferment et
ton corps
se repose.
*Minou **s'est
endormi** sur le coussin.*
Contraire : **se réveiller**

endroit n. m.
1. Un **endroit** est un lieu.
Un **endroit** peut être très grand,
comme un pays, ou tout petit.
*Le Sahara est un **endroit** très chaud.*
2. **À l'endroit** signifie dans le bon
sens, du bon côté.
Contraire : **à l'envers**

énergie n. f.
1. Tu as de
l'**énergie**
quand tu as
la force
d'accomplir
une action.
*Mélanie
est pleine
d'**énergie**.*
2. L'**énergie**
est ce qui fait
fonctionner
les machines et qui produit la
chaleur et la lumière. *L'**énergie**
éolienne est l'**énergie** produite à
l'aide du vent.*

enfant n. m. et f.
Un (ou une) **enfant** est une
personne jeune, qui n'est pas
encore adulte.

enfiler v.
[j'enfile, il enfile,
nous enfilons]
Enfiler un
vêtement,
c'est le mettre.
On dit aussi
enfiler une
aiguille.

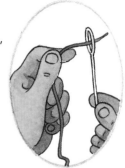

enfoncer v.
[j'enfonce, il enfonce,
nous enfonçons]
Quand tu **enfonces** un objet
dans un autre, tu le fais pénétrer
profondément. *On **enfonce** un clou
en le frappant avec un marteau.*

enfouir v.
[j'enfouis, il enfouit,
nous enfouissons]
Quand tu **enfouis** un objet, tu
le caches dans le sol. *Les pirates
avaient l'habitude d'**enfouir**
leurs trésors.*
Contraire : **déterrer**

enfuir (s') v.
[je m'enfuis, il s'enfuit,
nous nous enfuyons]
S'enfuir, c'est s'en aller très vite.
*Le voleur **s'est enfui** par la fenêtre.*
Autre mot : **fuir**

enlever v.
[j'enlève, il enlève, nous enlevons]
Si tu **enlèves** une chose d'un
endroit, tu la déplaces, ou tu la
prends et la mets ailleurs. ***Enlève** tes
pieds de mon fauteuil, s'il te plaît.*
Autres mots : **emporter**, **ôter**
Contraire : **mettre**

ennemi n. m.
Ton **ennemi** est quelqu'un qui te
déteste et qui te veut du mal.
Contraire : **ami**

ennui n. m.
Un **ennui** est quelque chose qui
pose des problèmes, des difficultés.
*La voiture nous a causé des **ennuis**
pendant le voyage.*

ennuyeux, ennuyeuse adj.
Ce qui est **ennuyeux** n'est pas intéressant. *Ce film est **ennuyeux** comme la pluie.*
Contraires : **amusant**, **intéressant**

énorme adj.
Une chose **énorme** est très grosse. *Les baleines sont des animaux marins **énormes**.*
Autre mot : **gigantesque**
Contraire : **minuscule**

enregistrer v.
[j'enregistre, il enregistre, nous enregistrons]
Quand tu **enregistres** de la musique ou une émission de télé, tu en fais une copie sur cassette audio ou sur cassette vidéo.

enrober v.
[j'enrobe, il enrobe, nous enrobons]
Enrober quelque chose, c'est le recouvrir d'une enveloppe ou d'une couche protectrice. *Une pilule **enrobée** de sucre.*

enrouler v.
[j'enroule, il enroule, nous enroulons]
Quand tu **enroules** une chose autour d'une autre, tu la mets tout autour de l'autre. *Renée **a enroulé** son écharpe autour de son cou.*

enseigne n. f.
Une **enseigne** est un panneau placé devant un magasin pour indiquer ce qu'on y vend. *La librairie a un livre sur son **enseigne**.*

enseigner v.
[j'enseigne, il enseigne, nous enseignons]
Quand on **enseigne** une chose, on transmet ses connaissances. *C'est le même professeur qui nous **enseigne** l'histoire et la géographie.*

ensemble n. m.
Un **ensemble** est un groupe d'objets qui vont les uns avec les autres. *Les nombreux petits cadres de ma tante forment un joli **ensemble** sur son piano.*

ensemble adv.
Quand des amis font une chose **ensemble**, il la font l'un avec l'autre. *Sandrine et Benoît jouent **ensemble**.*

entendre v.
[j'entends, il entend, nous entendons]
Tu **entends** quand tes oreilles perçoivent des sons.

entier, entière adj.
Entier signifie au complet. *Diane a mangé un gâteau **entier**.*

entourer v.
[j'entoure, il entoure, nous entourons]
1. Ce qui **entoure** quelque chose en fait le tour. *La ville **est entourée** de murs.*
2. **Entourer** signifie se tenir tout autour de. *Les spectateurs **entourent** le jongleur.*

entrain n. m.
Quand tu fais une chose avec **entrain**, tu la fais avec enthousiasme. *Émilie danse avec **entrain**.*

entraîneur n. m., entraîneuse n. f.
Un **entraîneur** est une personne qui montre comment pratiquer un sport.

entre prép.
Si tu es **entre** deux personnes ou deux choses, tu te trouves au milieu de celles-ci. *Marianne était assise **entre** Pierre et Paul.*

entrée n. f.
L'**entrée** est l'endroit par lequel on pénètre quelque part. *Nous avons cherché l'**entrée** du passage secret.*

entrer v.
[j'entre, il entre, nous entrons]
Quand tu **entres** quelque part, tu pénètres dans cet endroit. *Je **suis entré** dans la grande salle.*
Contraire : **sortir**

enveloppe n. f.
Une **enveloppe** est une poche de papier dans laquelle on met une lettre ou une carte.

envers n. m.
L'**envers** d'un vêtement est le côté qui ne doit pas être vu.
Contraire : **endroit**

environ adv.
Environ signifie à peu près. *Il est **environ** seize heures.*

environnement n. m.
L'**environnement** est le milieu dans lequel tu vis. Ton **environnement**, c'est la terre, l'eau et l'air autour de toi.

envoyer v.
[j'envoie, il envoie, nous envoyons]
Quand tu **envoies** une chose à quelqu'un, tu la lui fais parvenir. *Josiane **a envoyé** une carte postale à sa marraine.*
Contraire : **recevoir**

épais, épaisse adj.
1. Un objet **épais** est gros. *Ce livre est **épais**. J'ai mis une **épaisse** couche de beurre sur mon pain.*
Contraire : **mince**
2. Un liquide **épais** ne se verse pas facilement. *Cette crème est **épaisse**.*

épargner v.
[j'épargne, il épargne, nous épargnons]
Quand tu **épargnes** de l'argent, tu en mets de côté pour l'utiliser plus tard. *Monique **épargne** de l'argent pour son prochain voyage.*
Autre expression : **faire des économies**

épaule n. f.
L'**épaule** est la partie du corps entre le cou et le bras.

épée n. f.
Une **épée** a un manche et une longue lame coupante. Dans le passé, les soldats se battaient avec des **épées**.

épeler v.
[j'épelle, il épelle, nous épelons]
Quand tu **épelles** un mot, tu en nommes chaque lettre, l'une après l'autre. *Sais-tu **épeler** ton nom ?*

épine n. f.
Une **épine** est un piquant sur la tige d'une fleur ou d'un buisson.

une épine

épingle n. f.
Une **épingle** est une petite tige de métal mince avec un bout pointu. On utilise des **épingles** pour assembler des morceaux de tissu.

éponge n. f.
Une **éponge** est un objet mou comportant beaucoup de trous. Les **éponges** absorbent l'eau ; on les utilise pour nettoyer quelque chose.

épouvantail n. m.
Un **épouvantail** est un objet que l'on met dans les champs, les jardins, les arbres pour effrayer les oiseaux et les empêcher de manger les graines ou les fruits.

équilibre n. m.
Si tu tiens un objet en **équilibre**, tu le fais tenir sans qu'il tombe. *Geneviève fait tenir un ballon en **équilibre** sur son nez.*

équipage n. m.
L'**équipage** est le groupe de personnes qui travaillent ensemble sur un bateau ou dans un avion.

équipe n. f.
Une **équipe** est un groupe de personnes qui travaillent ou pratiquent un sport toutes ensemble. *Olivier fait partie de l'**équipe** de natation de l'école.*

équipement n. m.
Un **équipement** est l'ensemble des objets nécessaires pour faire un travail ou une activité. *La scie et le marteau font partie de l'**équipement** du menuisier.*

équitable adj.
Une chose **équitable** est juste. *Le partage est **équitable**; chacun reçoit une part égale à celle des autres.*
Autre mot : **juste**
Contraire : **injuste**

équitation n. f.
Quand tu fais de l'**équitation**, tu montes à cheval.

erreur n. f.
Faire une **erreur**, c'est se tromper.

escabeau n. m.
Un **escabeau** est une sorte de tabouret avec des marches. *J'ai pris l'**escabeau** pour aller chercher les épices sur l'étagère du haut.*

escalier n. m.
Un **escalier** est un ensemble de marches qui permet de passer d'un étage à l'autre d'un bâtiment.

escargot n. m.
Un **escargot** est un petit animal sans pattes avec un corps mou. Les **escargots** portent une coquille sur leur dos.

espace n. m.
1. Lorsqu'il y a de l'**espace** pour une chose, il y a assez de place pour elle.
2. L'**espace** est ce qui entoure la Terre. Il y a des étoiles et des planètes dans l'**espace**.

espèce n. f.
Les choses de même **espèce** se ressemblent, font partie du même groupe. *Quelle **espèce** d'animal domestique préfères-tu ?*

espérer v.
[j'espère, il espère, nous espérons]
Quand tu **espères** une chose, tu souhaites qu'elle se produise ou tu crois qu'elle va arriver. *J'**espère** que nous irons à la mer pour les vacances.*

esprit n. m.
L'**esprit** est la partie de la personne qui pense, qui a des souvenirs et de l'imagination.

essayer v.
[j'essaye, il essaye, nous essayons ou j'essaie, il essaie, nous essayons]
1. Quand tu **essaies** une chose, tu la fais pour la première fois. *Elsa a essayé une nouvelle recette de gâteau.*
2. Quand tu **essaies** de faire une chose, tu tentes de la faire. *Alexandre a essayé de grimper jusqu'en haut de l'arbre.*

essence n. f.
L'**essence** est un liquide que l'on met dans un véhicule pour qu'il fonctionne. *De l'essence sans plomb.*

essouffler (s') v.
[je m'essouffle, il s'essouffle, nous nous essoufflons]
Quand tu **t'essouffles**, tu perds le souffle. *Je m'essouffle vite.*

essuyer v.
[j'essuie, il essuie, nous essuyons]
Essuyer une chose, c'est la sécher en la frottant avec un torchon. *Jean essuie la vaisselle.*

est n. m.
L'**est** est un des quatre points cardinaux. *Le soleil se lève à l'est.*

estomac n. m.
L'**estomac** est la partie du corps où vont les aliments que l'on mange.

étable n. f.
Une **étable** est un bâtiment où on garde les vaches.

étage n. m.
Un **étage** est un niveau dans un bâtiment. *L'appartement de Mimi est au deuxième étage.*

étagère n. f.
Une **étagère** est une tablette fixée sur un mur. On met des objets sur une **étagère**.

étaler v.
[j'étale, il étale, nous étalons]
1. Quand tu **étales** une chose, tu la déplies complètement. *Lucien a étalé une carte du monde sur la table.*
2. On **étale** aussi du beurre sur du pain. *Caroline a étalé du beurre et du miel sur sa tartine.*

étang n. m.
Un **étang** est une petite étendue d'eau.

été n. m.
L'**été** est une des quatre saisons de l'année. Il vient entre le printemps et l'automne. L'été est la saison la plus chaude. *Nous avons eu un bel été.*

éteindre v.
[j'éteins, il éteint, nous éteignons]
1. Quand tu **éteins** un feu, tu l'empêches de continuer de brûler.
2. Si tu **éteins** un appareil, tu en arrêtes le fonctionnement.
Contraire : **allumer**

éternuer v.
[j'éternue, il éternue, nous éternuons]
Quand tu **éternues**, tu produis un bruit particulier en faisant brusquement sortir de l'air par ton nez et ta bouche.

étiquette n. f.
Une **étiquette** est un morceau de papier, de carton ou de tissu qu'on attache à quelque chose. Les vêtements portent des **étiquettes** pour indiquer le prix ou comment les laver.

étirer v.
[j'étire, il étire, nous étirons]
1. Quand tu **étires** un objet, tu fais en sorte qu'il devienne plus long. *Simon a étiré l'élastique jusqu'à ce qu'il casse.*
2. **S'étirer**. Quand tu **t'étires**, tu tends tes bras et tes jambes le plus loin que tu peux. *Myriam s'étire en se levant.*

étoile n. f.
Une **étoile** est un astre que l'on voit dans le ciel. La nuit, les **étoiles** ressemblent à de petits points lumineux.

étonnant, étonnante adj.
Ce qui est **étonnant** cause une surprise. *Daniel nous a montré un tour de magie étonnant.*
Autres mots : **curieux**, **inattendu**, **surprenant**

étrange adj.
Une chose **étrange** n'est pas ordinaire. *Il y a des bruits étranges qui viennent du grenier.*

étranger n. m.,
étrangère n. f.
1. Un **étranger** est une personne qui vient d'un autre pays. *Dans les grandes villes, il y a souvent beaucoup d'étrangers.*
2. Un **étranger** est aussi une personne qu'on ne connaît pas. *Les enfants ne doivent pas monter en voiture avec des étrangers.*
3. Vivre **à l'étranger**, c'est habiter dans un autre pays.

étranger, étrangère adj.
Une chose **étrangère** vient d'un autre pays. *Catherine collectionne les monnaies étrangères.*

étroit, étroite adj.
Ce qui est **étroit** n'est pas large. *Nous avons roulé sur un chemin étroit.*
Contraire : **large**

étudier v.
[j'étudie, il étudie, nous étudions]
Quand tu **étudies**, tu apprends par cœur ou tu cherches à acquérir une connaissance.

étui n. m.
On utilise un **étui** pour garder ou transporter un objet. *Jocelyn met ses lunettes dans leur étui.*

éveillé, éveillée adj.
1. Être **éveillé**, c'est ne pas dormir.
2. Une personne **éveillée** est pleine de vie.

éventail n. m.
Un **éventail** est un objet que l'on agite avec la main pour faire de l'air quand il fait chaud.

évident, évidente adj.
Ce qui est **évident** est facile à comprendre ou à voir. On ne peut pas nier quelque chose d'**évident**.

exact, exacte adj.
Ce qui est **exact** est juste, correct, ne contient pas d'erreurs.

examen n. m.
1. Un **examen** est un exercice noté pour vérifier les connaissances.
2. Un médecin qui te fait passer un **examen** médical vérifie ton état de santé.

excellent, excellente adj.
Excellent, c'est très, très bien ou très, très bon. *Tes résultats scolaires sont* ***excellents***. *Cette pâtisserie est* ***excellente***.

excité, excitée adj.
Être **excité**, c'est être énervé, ne plus tenir en place.

excursion n. f.
Une **excursion** est une longue promenade ou une sortie. *Nous avons fait une* ***excursion*** *en forêt avec l'école aujourd'hui.*

excuse n. f.
Une **excuse** est une raison que l'on donne pour faire quelque chose ou pour ne pas le faire. *Annie est souvent en retard à l'école, mais elle a toujours une* ***excuse***.

excuser v.
[j'excuse, il excuse, nous excusons]
Tu dis **excusez**-moi lorsque tu veux montrer à une personne que tu regrettes de la déranger, par exemple.

exemple n. m.
Tu donnes un **exemple** pour faire comprendre quelque chose. *Certains fruits sont rouges,* ***exemples*** *: les fraises et les cerises.*

exercice n. m.
1. On doit faire de l'**exercice** pour rester fort et en bonne santé. La course à pied et la natation sont des **exercices** physiques.
2. Quand tu fais des **exercices**, tu répètes une même chose plusieurs fois, jusqu'à ce que tu puisses la faire parfaitement. *Jonathan fait ses* ***exercices*** *de piano tous les jours.*
3. Un **exercice** est un petit travail qui t'aide à mieux comprendre quelque chose que tu as appris. *Des* ***exercices*** *de grammaire.*

exigeant, exigeante adj.
Une personne **exigeante** demande beaucoup et est difficile à satisfaire.

expérience n. f.
Tu fais une **expérience** pour découvrir une chose ou pour la vérifier.

expliquer v.
[j'explique, il explique, nous expliquons]
Si tu **expliques** quelque chose à quelqu'un, tu lui donnes le plus d'indications possible pour qu'il comprenne. *Carole m'*a expliqué *les règles du jeu d'échecs.*

explorer v.
[j'explore, il explore, nous explorons]
Si tu **explores** un endroit, tu le visites pour la première fois en l'examinant. *Jacques est entré dans la grotte pour l'*explorer*.*

exploser v.
[il explose, ils explosent]
Quand un objet **explose**, il éclate en mille morceaux en faisant un grand bruit. *La fusée* a explosé*.*

exposition n. f.
Une **exposition** est une présentation d'objets choisis que les gens viennent voir. *Une* ***exposition*** *de peinture moderne.*

extérieur n. m.
1. L'**extérieur** est la partie visible d'une chose. *L'*extérieur *de la boîte est bleu.*
2. Être à l'**extérieur**, c'est être en plein air et non dans un bâtiment. *L'été, nous aimons jouer* à l'extérieur*.*
Contraire : à l'intérieur

extraordinaire adj.
Une chose **extraordinaire** est étonnante ou inhabituelle.
Contraire : **ordinaire**

extraterrestre n. m.
Un **extraterrestre** est un être ou un objet qui vient d'une planète autre que la Terre. *Quatre* ***extraterrestres*** *sont sortis de la soucoupe volante.*

Ff

face n. f.
1. La **face** est la partie avant de la tête.
2. Le côté **face** d'une pièce de monnaie est celui où il y a une figure. *Alain et moi tirons notre tour de jeu à pile ou face.*
Contraire : **pile**

fâché, fâchée adj.
Quand tu es **fâché,** tu n'es pas content de quelque chose ou tu es en colère contre quelqu'un.
Autres mots : **agacé**, **furieux**, **irrité**, **mécontent**

facile adj.
Ce qui est **facile** peut se faire sans effort.
Contraire : **difficile**

façon n. f.
La **façon** de faire une chose est la manière de l'accomplir.

faible adj.
1. Un bruit **faible** est un son qui n'est pas fort. *L'oisillon a poussé un petit cri faible.*
2. Une personne **faible** n'a pas de force. *Le blessé est encore faible.*

faim n. f.
Si tu as **faim**, tu as besoin et envie de manger quelque chose. *Yvan a une faim de loup, il dévore son sandwich.*

faire v.
[je fais, tu fais, il fait, nous faisons, vous faites, ils font]
1. Si tu **fais** une chose, tu la fabriques, tu la prépares ou tu l'accomplis. *Maman a fait des spaghettis. Qu'est-ce qu'on fait aujourd'hui ?*
2. Si tu **fais** faire une chose à quelqu'un, tu agis pour que quelque chose arrive. *Sophie a fait pleurer son petit frère.*

falaise n. f.
Une **falaise** est une paroi rocheuse en pente raide. *On voit des falaises au bord de la mer.*

falloir v.
[il faut]
1. Ce qu'il te **faut** est un besoin, une nécessité.
Autre mot : **avoir besoin**
2. S'il **faut** que tu fasses quelque chose, tu dois le faire.
Autre mot : **devoir**

famille n. f.
Une **famille** est un groupe de personnes qui ont des liens de parenté. D'habitude, dans une **famille**, il y a le père, la mère et les enfants.

fantôme n. m.
Les gens qui pensent voir un **fantôme** croient voir une personne qui est morte.
Autre mot : **revenant**

farine n. f.
La **farine** est de la poudre de blé. *On fait du pain et des gâteaux avec de la farine.*

fatigué, fatiguée adj.
Quand tu es **fatigué**, tu as envie de te reposer ou de dormir.

faute n. f.
1. Une **faute** est une erreur. *J'ai fait une seule faute dans ma dictée.*
2. Quand on dit **c'est ma faute**, on avoue qu'on est responsable d'une action. *C'est ma faute si nous sommes arrivés en retard ; je marchais trop lentement.*

fauteuil n. m.
Un **fauteuil** est un siège confortable avec des bras de chaque côté pour s'appuyer.

faux, fausse adj.
Ce qui est **faux** n'est pas vrai, est incorrect.

favori, favorite adj.
Ton vêtement **favori** est celui que tu préfères. *François porte sa chemise favorite.*
Autre mot : **préféré**

fée n. f.
Dans les contes, les **fées** sont de petits personnages de sexe féminin avec des ailes. Les **fées** ont des pouvoirs magiques.

femelle n. f.
Une **femelle** est un animal de sexe féminin qui produit des œufs ou porte des petits dans son ventre. *La lionne est la femelle du lion.*
Opposé : **mâle**

femme n. f.
1. Une **femme** est une personne adulte de sexe féminin.
Opposé : **homme**
2. La **femme** d'un homme est la dame avec laquelle il est marié.
Opposé : **mari**

fendre v.
[je fends, il fend, nous fendons]
Fendre du bois, c'est le couper avec une hache.

fenêtre n. f.
Une **fenêtre** est une ouverture dans un mur ou dans un véhicule qui laisse entrer la lumière et l'air. En général, les **fenêtres** sont fermées avec une vitre.

fente n. f.
Une **fente** est une ouverture longue et mince. *Il faut mettre la pièce dans la fente de la machine.*

fer n. m.
1. Le **fer** est un métal dur et solide. Les barrières sont souvent en **fer**.
2. On utilise un **fer à repasser** pour repasser les vêtements, les rendre plus lisses.

ferme n. f.
Une **ferme** est un domaine comprenant des terrains où les fermiers cultivent des plantes et élèvent des animaux.
La **ferme** désigne aussi la maison du fermier et les autres bâtiments.

ferme adj.
Ce qui est **ferme** est consistant et un peu dur. *Un matelas* **ferme**.
Contraire : **mou**

fermé, fermée adj.
La bibliothèque est **fermée** le lundi, tu ne peux pas y aller ce jour-là.
Contraire : **ouvert**

fermer v.
[je ferme, il ferme, nous fermons]
Quand tu **fermes** une porte, tu la bouges afin de bloquer le passage.
Contraire : **ouvrir**

fermeture éclair n. f.
Une **fermeture éclair** est cousue sur un vêtement ou un sac et sert à le fermer.
La **fermeture éclair** a deux rangées de dents de métal ou de plastique qui s'accrochent ensemble quand on monte la languette.

féroce adj.
Un animal **féroce** est un animal sauvage qui peut blesser quelqu'un. *Le tigre est un animal* **féroce**.

ferry n. m.
Un **ferry** est un bateau qui transporte des gens, des voitures et même des trains d'une rive à l'autre d'une étendue d'eau.
● *Voir* **les bateaux** *à la page 11*

festin n. m.
Un **festin** est un grand repas de fête.
Autre mot : **banquet**

festival n. m.
Un **festival** est un ensemble de représentations musicales, théâtrales ou cinématographiques qui ont lieu dans un endroit déterminé pendant une période assez courte. *Le* **festival** *de Cannes et le* **festival** *de jazz de Montréal sont célèbres dans le monde entier.*

fête n. f.
Quand tu organises une **fête**, tu invites tes amis à venir manger et s'amuser avec toi. *Une* **fête** *d'anniversaire.*

feu n. m.
1. Il y a du **feu** lorsque quelque chose brûle. Le **feu** est chaud et donne de la lumière.
2. Les **feux d'artifice** font du bruit et produisent des étincelles de couleur dans le ciel.
3. Les **feux de circulation** sont des signaux lumineux qui indiquent aux véhicules et aux piétons ce qu'ils doivent faire. Les piétons comme les véhicules ne peuvent avancer que si le feu est vert.

feuille n. f.
1. Une **feuille** est une des parties minces et plates d'une plante ou d'un arbre. Les **feuilles** sont souvent vertes, mais certaines changent de couleur en automne.
2. Une feuille est aussi un mince morceau de papier, de verre ou de plastique carré ou rectangulaire.

feutre n. m.
1. Le **feutre** est un tissu épais et moelleux.
2. Un **feutre** est un stylo dont la pointe imbibée d'encre est en nylon.

ficelle n. f.
Une **ficelle** est un mince morceau de corde. On utilise de la **ficelle** pour attacher des objets ensemble.

fiche n. f.
1. Une **fiche** est un petit objet qu'on enfonce dans une prise de courant pour brancher un appareil électrique.
2. Une **fiche** est aussi une carte ou une feuille de papier portant des renseignements.

fier, fière adj.
Quand tu es **fier** d'une chose, tu en es content. *Coralie est* **fière** *de son beau gâteau.*

fièvre n. f.
Quand tu as de la **fièvre**, la température de ton corps est élevée parce que tu es malade.

fil n. m.

1. Un **fil** est un long morceau fin de coton ou de laine. On utilise du **fil** pour fabriquer des tissus ou pour coudre.

2. Un **fil de fer** est un morceau de métal mince qui se plie facilement. Les **fils de fer** peuvent être utilisés pour attacher des objets ensemble.

3. Un **fil électrique** est un brin de métal entouré de plastique.

filet n. m.

1. Un **filet** est un ensemble de fils entrecroisés et noués, qui forment des mailles. On utilise des **filets** pour attraper les poissons.
2. Au tennis, tu envoies la balle par-dessus le **filet**.

fille n. f.

1. Une **fille** est un enfant de sexe féminin.
Opposé : **garçon**
2. Une **fille** est l'enfant femelle d'une personne.
Opposé : **fils**
3. Une **jeune fille** est une adolescente ou une femme jeune non mariée.

film n. m.

Lorsque tu regardes un **film**, tu vois des images qui bougent sur un écran. Tu peux voir des **films** au cinéma ou à la télévision.

fils n. m.

Un **fils** est l'enfant mâle de quelqu'un.
Opposé : **fille**

fin n. f.

1. La **fin** d'une chose est sa dernière partie. *La **fin** de l'histoire était amusante.*
Contraire : **début**
2. **Mettre fin à** une chose, c'est la terminer. *Simone **a mis fin à** la discussion ; elle est partie.*

finir v.

[je finis, il finit, nous finissons]
Si tu **as fini** une chose, c'est que tu l'as faite complètement ou que tu es arrivé à sa fin. *Maurice **a fini** son repas.*
Autre mot : **terminer**
Contraire : **commencer**

fixer v.

[je fixe, il fixe, nous fixons]
Quand tu **fixes** une chose, tu l'attaches solidement à un endroit. *Maman **a fixé** la lampe au plafond.*

flacon n. m.

Un **flacon** est une petite bouteille dans laquelle on met un liquide. *Un **flacon** de parfum.*

flamme n. f.

Une **flamme** est la lumière forte et chaude que dégage ce qui brûle. *La **flamme** d'une chandelle.*

flâner v.

[je flâne, il flâne, nous flânons]
Quand tu **flânes**, tu marches sans but précis. *Julien est allé **flâner** dans les magasins.*

flaque n. f.

Une **flaque** est une petite mare d'eau sur le sol. *La pluie fait des **flaques** d'eau dans la rue.*

flèche n. f.

1. Une **flèche** est un bâton mince, avec une pointe à un bout et des plumes à l'autre. Tu lances une **flèche** avec un arc.
2. Une **flèche** est aussi un signe indiquant une direction. *Pour aller au stade, suivez les **flèches**.*

fleur n. f.

Une **fleur** est la partie colorée d'une plante, souvent odorante, qui contient les organes de reproduction. *Alice arrose les **fleurs** dans le jardin.*

fleuve n. m.

Un **fleuve** est une grande rivière qui se jette dans la mer.

flotter v.

[je flotte, il flotte, nous flottons]
1. Si un objet **flotte** sur l'eau, il reste à la surface.
Contraire : **couler**
2. Si un objet **flotte** dans l'air, il se déplace doucement sans retomber par terre. *Il y a de la poussière qui **flotte** dans l'air.*

flûte n. f.

Une **flûte** est un instrument de musique. *Pour jouer de la **flûte à bec**, il faut souffler dans le bec et boucher les différents trous pour produire des sons.*

foire n. f.

1. Une **foire** est un grand marché public où l'on vend toutes sortes de marchandises.
2. Une **foire** est un endroit avec des manèges et des jeux. Les gens y vont pour s'amuser.
Autre mot : **fête foraine**

fois n. f.

1. Deux **fois**, c'est à deux reprises. *Je n'ai pris l'avion que deux **fois**.*
2. **À la fois** signifie en même temps. *Les enfants crient tous **à la fois**.*

foncé, foncée adj.

Les couleurs **foncées** sont plus près du noir que du blanc. *Le soir, le ciel est bleu **foncé**.*
Contraires : **clair**, **pâle**

fonctionner v.
[il fonctionne, ils fonctionnent]
Une chose qui **fonctionne** accomplit ce qu'elle doit faire. *La télé a été réparée et elle **fonctionne** à nouveau.*

fond n. m.
Le **fond** est la partie la plus profonde ou la plus éloignée de quelque chose. *Les algues sont au **fond** du lac. La salle de bains est au **fond** du couloir.*

fondre v.
[je fonds, il fond, nous fondons]
Une chose qui **fond** se réchauffe et devient liquide. *La neige **a fondu** au soleil.*

fontaine n. f.
Une **fontaine** est une construction souvent accompagnée d'un bassin qui laisse sortir l'eau en jet.

football n. m.
Le **football** se joue avec deux équipes sur un terrain avec un ballon rond. Chaque équipe essaie de marquer des points en lançant le ballon dans les buts adverses. Autre mot : **soccer** (au Canada)

force n. f.
La **force** est la puissance de quelque chose, de quelqu'un.

forêt n. f.
Une **forêt** est un endroit vaste où poussent beaucoup d'arbres. *Il y a une **forêt** de sapins derrière chez moi.*

forme n. f.
1. Une **forme** est le contour d'une chose qui donne un dessin particulier.

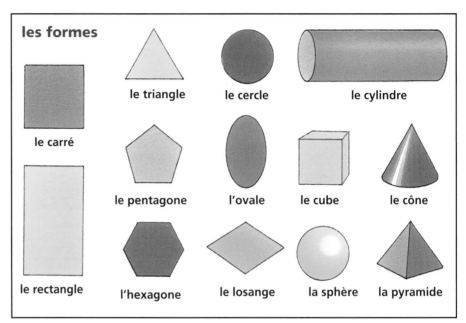

les formes

le triangle   le cercle   le cylindre

le carré

le pentagone   l'ovale   le cube   le cône

le rectangle   l'hexagone   le losange   la sphère   la pyramide

2. Être **en forme**, c'est être en bonne santé. *Julie fait de la course à pied tous les jours pour être **en forme**.*

formidable adj.
Formidable signifie extraordinaire, sensationnel, très agréable. *On a passé un après-midi **formidable**.*

fort, forte adj.
1. Une personne **forte** peut soulever des poids très lourds et a une grande force physique.
2. Un aliment qui a un goût **fort** a beaucoup de goût.
3. Si tu es **fort** à un jeu, c'est que tu y joues très bien.

fossile n. m.
Un **fossile** est ce qui reste d'un animal ou d'une plante qui a vécu il y a des millions d'années. On trouve des **fossiles** dans la pierre.

foulard n. m.
Un **foulard** est généralement un carré de tissu qu'on porte sur la tête ou autour du cou.

foule n. f.
Une **foule** est un grand nombre de personnes regroupées dans un même endroit. *Il y avait **foule** au stade.*

four n. m.
Le **four** est la partie de la cuisinière dans laquelle on fait cuire ou rôtir des aliments.

fourchette n. f.
On mange avec une **fourchette**. Les **fourchettes** ont un manche et trois ou quatre dents.

fourmi n. f.
Une **fourmi** est un insecte. Les **fourmis** vivent en groupe sous terre ou dans les arbres.

fournir v.
[je fournis, il fournit, nous fournissons]
Quand tu **fournis** une chose à quelqu'un, tu donnes à cette personne ce dont elle a besoin. *Dans cette école, les manuels scolaires ne **sont pas fournis**.*

fourrure n. f.
La **fourrure** est le poil doux qui recouvre le corps de certains animaux. *Les ours polaires ont une épaisse* **fourrure** *blanche.*

fracas n. m.
Un **fracas** est un bruit violent. *La vitre s'est cassée avec* **fracas**.

fraction n. f.
Une **fraction** est une partie d'un tout. *Les moitiés et les quarts sont des* **fractions**.

fragile adj.
Une chose **fragile** se casse facilement. *Un vase de porcelaine est* **fragile**.
Contraire : **solide**

frais, fraîche adj.
1. Ce qui est **frais** est presque froid. *Une boisson* **fraîche** *est agréable quand on a chaud.*
2. Un aliment **frais** est un aliment qui a été produit ou cueilli il y a peu de temps. *Maman a mis des œufs* **frais** *dans le gâteau. Des fruits* **frais**.

fraise n. f.
Une **fraise** est un fruit rouge et tendre avec de petits grains jaunes sur la peau.

framboise n. f.
Une **framboise** est un petit fruit rouge. Les **framboises** sont tendres et juteuses et poussent dans des buissons.

frange n. f.
La **frange** est la partie des cheveux qui retombe sur le front.

frapper v.
[je frappe, il frappe, nous frappons]
1. Quand tu **frappes** quelqu'un ou quelque chose, tu lui donnes un coup. *Raoul* **frappe** *le ballon.*

2. Quand tu **frappes** à la porte, tu donnes de petits coups pour qu'on vienne t'ouvrir. *Hubert* **frappe** *à la porte.*

frein n. m.
Un **frein** sert à ralentir ou à arrêter un véhicule ou un mécanisme. Les voitures et les vélos ont des **freins**.

frère n. m.
Ton **frère** est le garçon qui a la même maman et le même papa que toi.
Opposé : **sœur**

frite n. f.
Une **frite** est un petit morceau de pomme de terre que l'on mange frit et chaud. *Papa a fait des* **frites**.

froid, froide adj.
1. Si une chose est **froide**, c'est qu'elle n'est pas chaude.
2. S'il fait **froid** dehors, c'est que la température est basse. *Il fait si* **froid** *que Jacques grelotte.*
Contraire : **chaud**

fromage n. m.
Le **fromage** est un aliment fait avec du lait. Il existe une très grande variété de **fromages**.

froncer v.
[je fronce, il fronce, nous fronçons]
Quand tu **fronces** les sourcils, tu les ramènes l'un vers l'autre, et des rides se forment sur ton front. On **fronce** les sourcils quand on est contrarié ou quand on réfléchit très fort.

front n. m.
Le **front** est la partie du visage au-dessus des sourcils. *Mes cheveux cachent entièrement mon* **front**. *Le* **front** *de Marie est brûlant, elle est fiévreuse.*

frotter v.
[je frotte, il frotte, nous frottons]
1. Quand tu **frottes** un objet, tu poses la main dessus et tu la fais bouger. Souvent, on **frotte** les objets avec un chiffon pour les nettoyer. *Frotter le parquet. Aladin a frotté une lampe magique et un bon génie lui est apparu.*
2. **Se frotter**. *Tigrou, le chat de ma voisine, vient* **se frotter** *contre mes jambes tous les jours.*

fruit n. m.
1. Le **fruit** est la partie d'une plante qui contient les graines. Beaucoup de **fruits** sont comestibles.
2. Les **fruits de mer** sont les coquillages et les crustacés comestibles. *Les* **fruits de mer** *que je préfère sont le crabe et les crevettes.*

G g

fuir v.
[je fuis, il fuit, nous fuyons]
1. **Fuir**, c'est s'en aller vite pour échapper à un danger. *Le chaton a fui devant le gros chien.*
Autre mot : **s'enfuir**
2. Un robinet qui **fuit** laisse échapper de l'eau.

fuite n. f.
1. Une **fuite** est un écoulement d'eau ou de gaz par une fissure.
2. **Prendre la fuite**, c'est s'enfuir, s'en aller en toute hâte. *Dans les dessins animés, les éléphants **prennent la fuite** en voyant une souris.*

fumée n. f.
La **fumée** est un mélange de gaz et de poussière produit par un objet qui brûle. La **fumée** ressemble à un nuage gris.

funambule n. m. et f.
Un **funambule** est un acrobate qui marche sur une corde tendue au-dessus du sol. Parfois, les **funambules** sont des clowns.

furieux, furieuse adj.
Être **furieux**, c'est être très fâché. *Sophie était **furieuse** lorsqu'elle a su qu'on lui avait volé sa montre.*

fusée n. f.
Une **fusée** est un véhicule qui transporte les astronautes dans l'espace. *La **fusée** a décollé très tôt ce matin.*

fusil n. m.
Un **fusil** est une arme qu'on utilise pour tirer sur quelque chose.

futé, futée adj.
Être **futé**, c'est être malin, rusé. *Julie est une petite fille plutôt **futée**.*

futile adj.
Ce qui est **futile** ne présente aucun intérêt. *Ce que tu dis est **futile**, ça n'intéresse personne.*
Contraire : **intéressant**

futur n. m.
Le **futur** est le temps qui n'est pas encore arrivé. *Dans le **futur**, peut-être que des robots prendront soin de nous.*

gadget n. m.
Un **gadget** est un objet amusant et nouveau qui quelquefois ne sert à rien. *Antonin aime bien s'acheter des **gadgets**.*

gagnant n. m.,
gagnante n. f.
Le **gagnant** est celui qui remporte une victoire, un prix. *La **gagnante** du concours a reçu un cadeau.*

gagnant, gagnante adj.
Qui fait gagner. *Trouver les numéros **gagnants** du loto, la combinaison **gagnante** du tiercé.*

gagner v.
[je gagne, il gagne, nous gagnons]
1. Si tu **gagnes** à un jeu ou à une course, c'est que tu arrives le premier.
Contraire : **perdre**
2. **Gagner** de l'argent, c'est obtenir de l'argent en échange d'un travail. *Claire **a gagné** de l'argent en tondant la pelouse du voisin.*

gai, gaie adj.
Être **gai**, c'est être joyeux. *Ève était **gaie** à l'idée de partir en vacances.*
Autres mots : **heureux**, **joyeux**
Contraire : **triste**

galet n. m.
Un **galet** est un caillou lisse et rond. On trouve des **galets** sur les plages.

galoper v.
[je galope, il galope, nous galopons]
Quand un cheval **galope**, il court très vite.

gamme n. f.
Une **gamme** comprend sept notes de musique qui sont jouées ou chantées en ordre.

gant n. m.
Les **gants** sont les vêtements qui recouvrent les mains pour les protéger du froid.

garage n. m.
1. Un **garage** est un endroit où on peut laisser sa voiture lorsqu'on n'en a pas besoin.
2. Un **garage** est aussi un endroit où les gens achètent de l'essence et font réparer leur voiture.

garçon n. m.
1. Un **garçon** est un enfant de sexe mâle.
Opposé : **fille**
2. Un **garçon** est aussi un homme qui sert les boissons et les plats dans un restaurant ou un café.
Autre mot : **serveur**

garder v.
[je garde, il garde, nous gardons]
1. **Garder** signifie prendre soin d'une personne, d'un animal. *Karine **garde** des enfants le soir.*
2. Quand tu **gardes** un objet, tu le conserves pour toi. *Alexandre **garde** toutes ses bandes dessinées.*
3. Quand tu **gardes** un vêtement, tu le conserves sur toi. *Je préfère **garder** mon gilet, car j'ai froid.*

garde-robe n. f.
Une **garde-robe** est l'ensemble des vêtements d'une personne. *Renouveler sa **garde-robe**.*

gare n. f.
Une **gare** est un endroit où les trains arrivent et partent.

garer v.
1. **Garer** signifie ranger son véhicule dans un endroit spécialement aménagé pour cela. *Papa **gare** sa voiture dans le garage.*
2. **Se garer** signifie mettre un véhicule dans un lieu de stationnement.

gaspiller v.
[je gaspille, il gaspille, nous gaspillons]
Quand tu **gaspilles** une chose, tu l'utilises de façon non raisonnable. *Il ne faut pas gaspiller tout son argent de poche en achetant des bonbons.*

gâteau n. m.

1. Un **gâteau** est une pâtisserie faite avec de la farine, des œufs, du sucre et du beurre.
2. Des **gâteaux secs** ou des **petits gâteaux** sont des gâteaux de petite taille qui peuvent se conserver.
Autre mot : **biscuit**

gauche n. f.
La **gauche** se trouve du côté du cœur. *C'est à votre gauche.*
Contraire : **droite**

gauche adj.
1. La plupart des gens écrivent de la main droite, mais certains se servent de la main **gauche**.

la main gauche

2. Être **gauche**, c'est être malhabile.
Autre mot : **maladroit**

gaz n. m.
Un **gaz** est une vapeur invisible. L'air est constitué de **gaz**. Certains **gaz** brûlent facilement, et on les utilise pour cuisiner et se chauffer.

géant n. m.

Un **géant** est une personne très grande. On parle de **géants** dans les contes. *Le géant s'est penché et a pris l'homme dans sa main.*
Contraire : **nain**

gelé, gelée adj.
Si une mare est **gelée**, la surface de l'eau s'est transformée en glace.

geler v.
[je gèle, il gèle, nous gelons]
Quand l'eau **gèle**, elle devient très froide et se change en glace.
Contraires : **dégeler**, **fondre**

gencive n. f.
La **gencive** est la partie dure et rose autour des dents.

gendarme n. m.
Un **gendarme** doit protéger les gens et s'assurer que les lois sont respectées.

gendarmerie n. f.
La **gendarmerie** est le bâtiment où sont logés et travaillent les gendarmes.

généreux, généreuse adj.
Une personne **généreuse** aime aider les gens et leur donner des choses. *Mon oncle est généreux et me donne toujours de beaux cadeaux à Noël.*
Contraire : **égoïste**

genou n. m.
Ton **genou** est au milieu de ta jambe, là où elle se plie.

gens n. m. pl.
Les **gens** sont des personnes, hommes, femmes ou enfants, dont on ne dit pas le nombre. *Il y avait beaucoup de gens à la piscine.*

gentil, gentille adj.
Lorsque tu es **gentil**, tu es doux et attentionné. *Rosie est gentille avec sa petite sœur.*
Contraire : **méchant**

gerboise n. f.

Une **gerboise** est un petit animal à fourrure qui a de longues pattes postérieures. Certaines personnes ont une **gerboise** comme animal domestique.

gifler v.
[je gifle, il gifle, nous giflons]
Quand on **gifle** une personne, on la frappe au visage avec la paume de la main.

gigantesque adj.
Une chose **gigantesque** est vraiment très grosse. Les baleines sont **gigantesques**.
Autre mot : **énorme**

gilet n. m.

1. Un **gilet** est une petite veste sans manches.
2. Un **gilet** est aussi un tricot à manches longues fermé devant. *Un gilet de laine.*
3. Un **gilet de sauvetage** est une petite veste sans manches qui permet de flotter si on tombe à l'eau. *Les gilets de sauvetage sont gonflés avec de l'air comprimé.*

girafe n. f.
Une **girafe** est un animal avec un long cou et de longues pattes. Les **girafes** vivent en groupe. Ce sont les animaux les plus grands du monde.

givre n. m.

Le **givre** est une mince couche de glace qui couvre tout dehors lorsqu'il fait très froid. *Gilbert a gratté le givre du pare-brise.*

A B C D E F **G** H I J K L M N O P Q R S T U V W X Y Z

glace n. f.
1. De la **glace** est de l'eau congelée. La **glace** est très froide et dure. *La surface de la mare était couverte de glace.*

2. Une **glace** est aussi un aliment sucré très froid à base de crème.
Autre mot : **crème glacée**

glaçon n. m.
1. Un **glaçon** est un petit cube de glace qu'on met dans les boissons pour les rafraîchir.
2. Un **glaçon** est un morceau de glace. Les **glaçons** sont constitués de gouttes d'eau qui ont gelé.

glissant, glissante adj.
Une chose **glissante** est lisse, et il est difficile de la prendre ou de marcher dessus. *Le savon est glissant. La route est glissante.*

glisser v.
[je glisse, il glisse, nous glissons]
1. Quand tu **glisses** sur une surface, tu te déplaces sur celle-ci, souvent par accident. *Samuel glisse sur le parquet fraîchement lavé.*

2. **Se glisser**.
Quand tu **te glisses** quelque part, tu pénètres doucement dans un endroit sans te faire remarquer. *Jérôme s'est glissé sans bruit dans la pièce.*

globe n. m.
Un **globe** terrestre est une reproduction de la Terre en plus petit. *Florence essaie de trouver la Nouvelle-Zélande sur le globe terrestre.*

glouton, gloutonne adj.
Une personne **gloutonne** mange beaucoup et très vite. *Hervé est un glouton, il a mangé cinq morceaux de gâteau.*

goéland n. m.
Un **goéland** est un grand oiseau de mer à tête blanche et à corps gris et blanc.

gomme n. f.
Tu te sers d'une **gomme** pour effacer ce que tu as écrit au crayon.

gorge n. f.
1. La **gorge** est la partie avant du cou.
2. La **gorge** est aussi la partie à l'intérieur du cou qui sert à avaler la nourriture et à respirer.

gorille n. m.
Un **gorille** est un grand singe qui a de longs bras, mais pas de queue. Les **gorilles** peuvent marcher et se tenir debout de la même façon que les êtres humains. Les **gorilles** se nourrissent de fruits, de feuilles, de graines et de tiges de bambou.

goudron n. m.
Le **goudron** est un liquide épais et noir qui durcit lorsqu'il refroidit. *On recouvre les routes avec du goudron.*

gousse n. f.
La **gousse** est l'enveloppe qui contient les graines de certaines plantes. Les haricots ont des **gousses**. *Une gousse d'ail.*
Autre mot : **cosse**

goûter v.
[je goûte, il goûte, nous goûtons]
Quand tu **goûtes** à une chose, tu la mets dans ta bouche pour savoir quelle saveur elle a.

goutte n. f.
Une **goutte** est une toute petite quantité de liquide. *Une goutte de pluie.*

gouverner v.
[je gouverne, il gouverne, nous gouvernons]
Quelqu'un qui **gouverne** un pays, c'est quelqu'un qui le dirige.

grain n. m.
1. Un **grain** d'une chose, comme du sucre ou du sel, est un tout petit morceau de cette chose.
2. Certaines plantes produisent des **grains**, comme le maïs ou le riz.

graine n. f.
Dans les fruits, il y a des **graines**. Si on met une **graine** en terre, une plante va pousser.

grand, grande adj.
Ce qui est **grand** est très haut, s'élève loin au-dessus du sol. *Une grande tour.*
Contraire : **petit**

grand-mère n. f.
Ta **grand-mère** est la mère de ton père ou de ta mère. Les enfants appellent souvent leur **grand-mère** mamie ou mémé.

grand-père n. m.
Ton **grand-père** est le père de ton père ou de ta mère. Les enfants appellent souvent leur **grand-père** papi ou pépé.

grange n. f.
Une **grange** est un grand bâtiment dans une ferme. On y garde les récoltes.

grappe n. f.
Une **grappe** de raisin est composée de plusieurs grains de raisin accrochés à une seule tige. On parle aussi des **grappes** d'autres petits fruits, comme les groseilles.

gras, grasse adj.
Une personne ou un animal **gras** a un gros corps rond. *Notre chat est très **gras**, car il mange trop.*
Contraire : **mince**

grassouillet, grassouillette adj.
Une personne **grassouillette** est un peu grasse.

gratter v.
[je gratte, il gratte, nous grattons]
1. Quand tu **grattes** un objet, tu le racles avec tes ongles ou avec un autre objet. *J'**ai gratté** le givre du pare-brise de la voiture.*
2. Ce qui **gratte** donne des démangeaisons. *Le bonnet de laine me **gratte**.*
3. Se gratter. Quand tu **te grattes**, tu frottes avec tes ongles un endroit qui te démange. *Je **me gratte** parce que je me suis fait piquer par des moustiques.*

gratuit, gratuite adj.
Quelque chose est **gratuit** si tu n'as pas besoin de payer pour l'avoir.

grave adj.
Une voix **grave** est une voix basse.

grêler v.
[il grêle]
Quand il **grêle**, il tombe de petits grains de glace au lieu de la pluie.
*Il **grêle** sur mon parapluie.*

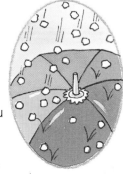

grenier n. m.
Le **grenier** est la pièce de la maison qui est tout en haut, juste sous le toit.

le grenier

grenouille n. f.
Une **grenouille** est un petit animal qui a une peau lisse, de grands yeux et de grandes pattes arrière qui lui permettent de sauter. Les **grenouilles** vivent près des endroits humides.

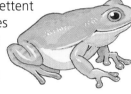

grève n. f.
Quand des gens font la **grève**, ils cessent de travailler pour faire savoir qu'ils ne sont pas satisfaits de leurs conditions de travail.

gribouiller v.
[je gribouille, il gribouille, nous gribouillons]
Quand tu **gribouilles**, tu écris ou tu dessines rapidement et sans grand soin. *Mathieu **a gribouillé** son numéro de téléphone sur un morceau de papier.*

griffe n. f.
Une **griffe** est un ongle dur et crochu que certains animaux ont à l'extrémité des pattes. Les aigles, les crocodiles et les chats ont des **griffes**.

grimper v.
[je grimpe, il grimpe, nous grimpons]
Quand tu **grimpes** sur quelque chose, tu te déplaces vers le haut de celui-ci à l'aide de tes pieds et parfois, aussi, de tes mains. *André **grimpe** jusqu'au sommet de la montagne.*

grippe n. f.
Lorsque tu as la **grippe**, tu es malade, les muscles te font mal et tu as de la fièvre.

gris, grise adj.
Tu obtiens du **gris** en mélangeant du noir et du blanc. Les nuages de pluie sont **gris**.

grogner v.
[je grogne, il grogne, nous grognons]
1. Quand un chien **grogne**, il fait un bruit sourd et menaçant qui vient du fond de sa gorge. *Prince **grogne** chaque fois qu'il voit un chat.*
2. Quand tu **grognes**, tu montres ton mécontentement en émettant un bruit sourd.
Autres mots : **bougonner**, **rouspéter**

gros, grosse adj.
1. Ce qui est **gros** occupe beaucoup de place. *Sarah écrit avec de **grosses** lettres.*
Autres mots : **énorme**, **épais**, **grand**, **immense**, **large**
Contraire : **petit**
2. Une personne **grosse** est lourde.
Contraire : **mince**

grossier, grossière adj.
Une personne **grossière** n'est pas du tout polie.

grotte n. f.
Une **grotte** est une caverne.

groupe n. m.
Un **groupe** est un ensemble de personnes ou de choses qui se trouvent dans un même endroit ou qui ont quelque chose en commun.

grue n. f.
1. Une **grue** est une grosse machine capable de soulever des charges très lourdes.

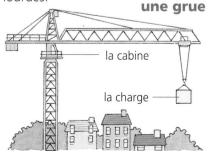

une grue

la cabine

la charge

2. Une **grue** est aussi un grand oiseau à pattes très fines.

A B C D E F **G** H I J K L M N O P Q R S T U V W X Y Z

Hh

guépard n. m.
Le **guépard** est un grand animal à fourrure tachetée jaune et noire. *Le guépard et la panthère se ressemblent.*

guêpe n. f.
Une **guêpe** est un insecte rayé de noir et de jaune. Les **guêpes** peuvent piquer.
● *Voir* **les insectes** *à la page 58*

guéri, guérie adj.
Quand tu es **guéri**, tu n'es plus malade.

guerre n. f.
Pendant une **guerre**, les armées de différents pays se battent entre elles.

gueule n. f.
La **gueule** est la bouche de certains animaux.

guide n. m.
Un **guide** est une personne qui accompagne quelqu'un pour lui montrer le chemin ou le renseigner sur quelque chose. *Mon frère est* **guide** *de montagne.*

guides n. f. pl.
Les **guides** sont les deux bandes de cuir qu'on utilise pour diriger un cheval.
Autre mot : **rênes**

guitare n. f.
Une **guitare** est un instrument de musique à cordes. On joue de la **guitare** en pressant les cordes d'une main et en les pinçant de l'autre.
● *Voir* **les instruments de musique** *à la page 59*

gymnastique n. f.
La **gymnastique** est un ensemble d'exercices que l'on fait pour développer son corps. *Marie fait de la* **gymnastique**.

habiller (s') v.
[je m'habille, il s'habille, nous nous habillons]
Quand tu **t'habilles**, tu mets tes vêtements. *Zoé est capable de* **s'habiller** *très vite.*
Contraire :
se déshabiller

habiter v.
[j'habite, il habite, nous habitons]
Si on **habite** un endroit, c'est qu'on y a sa maison. *Éliane* **habite** *à la campagne.*

habitude n. f.
1. Une **habitude** est quelque chose que tu fais souvent, sans même y penser. *J'ai l'**habitude** de prendre un verre de lait le matin.*
2. **D'habitude** signifie presque toujours. ***D'habitude**, je me lève à 7 heures.*

habituel, habituelle adj.
Un événement **habituel** est constant, on s'y attend. *Je serai à la maison à l'heure* **habituelle**.
Autre mot :
ordinaire
Contraire :
inhabituel

hache n. f.
La **hache** est un outil formé d'une grosse lame plate fixée au bout d'un long manche. On l'utilise pour couper du bois.

hacher v.
[je hache, il hache, nous hachons]
Quand tu **haches** une chose, tu la coupes en tout petits morceaux. *Papa* **hache** *les oignons.*

haie n. f.
Une **haie** est une clôture de buissons ou d'arbustes. On voit souvent des **haies** autour des champs.

hamster n. m.
Un **hamster** est un petit animal à fourrure qui ressemble à une souris. Il a une petite queue et garde la nourriture dans ses bajoues. Certaines personnes ont un **hamster** comme animal domestique.

hanté, hantée adj.
Un endroit est **hanté** si les gens pensent qu'il y a des fantômes qui s'y promènent.

haricot n. m.
Le **haricot** est un petit légume composé de graines contenues dans une gousse. *Des* **haricots** *verts.*

hasard n. m.
1. Un **hasard** est un événement qui n'était pas prévu. *Le* **hasard** *a fait que je rencontre mon cousin dans la rue.*
2. Quand tu réponds **au hasard**, tu le fais sans réfléchir.

hâte n. f.
Si tu as **hâte** de faire une chose, c'est que tu es impatient de la faire. *Anne a* **hâte** *d'apprendre à jouer de la guitare.*

haut n. m.
Le **haut** est la partie la plus haute d'une chose. *Le chat miaule sur le* **haut** *de l'armoire.*

haut, haute adj.
Ce qui est **haut** s'élève loin du sol. *Une* **haute** *tour.*
Autre mot : **élevé**
Contraire : **bas**

hélicoptère n. m.
Un **hélicoptère** est un appareil sans ailes qui vole grâce à une ou plusieurs hélices placées sur le dessus.

herbe n. f.
1. L'**herbe** est une plante qui recouvre généralement le sol.
2. Les **mauvaises herbes** sont des plantes sauvages qui poussent dans un jardin ou un champ.

heure n. f.
Une **heure** est une période de temps de soixante minutes. Il y a vingt-quatre **heures** dans une journée.

heureux, heureuse adj.
Quelqu'un d'**heureux** est vraiment très content.
Autres mots : **gai**, **joyeux**, **ravi**
Contraires : **malheureux**, **triste**

heurter v.
[je heurte, il heurte, nous heurtons]
Quand tu **heurtes** un objet, tu entres brusquement en contact avec lui. *Frédéric **a heurté** le poteau.*

hiberner v.
[il hiberne, ils hibernent]
Un animal qui **hiberne** dort tout l'hiver. Les animaux font cela pour survivre au froid et au manque de nourriture. Certaines espèces de souris et d'ours **hibernent**.

hibou n. m.
Un **hibou** est un oiseau avec de grands yeux. Les **hiboux** chassent la nuit.

hier adv.
Hier, c'est le jour avant aujourd'hui.

hippopotame n. m.
L'**hippopotame** est un gros animal qui a des pattes courtes et une peau épaisse. Il vit près des cours d'eau.

histoire n. f.
1. Une **histoire** raconte, par exemple, un événement. Il y a des **histoires** vraies et des **histoires** inventées.
2. L'**histoire** est le récit de la vie des êtres humains dans le passé.

une histoire

hiver n. m.
L'**hiver** est une des quatre saisons. Il vient entre l'automne et le printemps. En **hiver**, il fait froid.

hocher v.
[je hoche, il hoche, nous hochons]
Hocher la tête, c'est la bouger légèrement de haut en bas pour montrer qu'on est d'accord ou qu'on a compris.

homard n. m.
Un **homard** est un animal marin avec une carapace et dix pattes. Les **homards** deviennent rouges lorsqu'on les fait cuire.
● *Voir **les animaux marins** à la page 4*

homme n. m.
Un **homme** est un être humain adulte mâle.
Opposé : **femme**

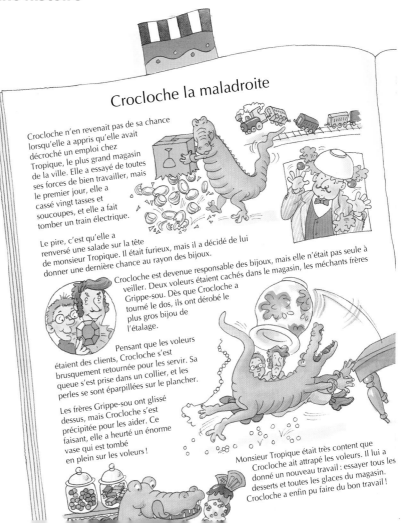

Crocloche la maladroite

Crocloche n'en revenait pas de sa chance lorsqu'elle a appris qu'elle avait décroché un emploi chez Tropique, le plus grand magasin de la ville. Elle a essayé de toutes ses forces de bien travailler, mais le premier jour, elle a cassé vingt tasses et soucoupes, et elle a fait tomber un train électrique.

Le pire, c'est qu'elle a renversé une salade sur la tête de monsieur Tropique. Il était furieux, mais il a décidé de lui donner une dernière chance au rayon des bijoux.

Crocloche est devenue responsable des bijoux, mais elle n'était pas seule à veiller. Deux voleurs étaient cachés dans le magasin, les méchants frères Grippe-sou. Dès que Crocloche a tourné le dos, ils ont dérobé le plus gros bijou de l'étalage.

Pensant que les voleurs étaient des clients, Crocloche s'est brusquement retournée pour les servir. Sa queue s'est prise dans un collier, et les perles se sont éparpillées sur le plancher.

Les frères Grippe-sou ont glissé dessus, mais Crocloche s'est précipitée pour les aider. Ce faisant, elle a heurté un énorme vase qui est tombé en plein sur les voleurs !

Monsieur Tropique était très content que Crocloche ait attrapé les voleurs. Il lui a donné un nouveau travail : essayer tous les desserts et toutes les glaces du magasin. Crocloche a enfin pu faire du bon travail !

homme-grenouille n. m.
Un **homme-grenouille** est une personne qui plonge sous l'eau dans un scaphandre.

honnête adj.
Une personne **honnête** dit la vérité et on peut lui faire confiance.
Contraire : **malhonnête**

honte n. f.
Tu as **honte** lorsque tu éprouves le sentiment pénible d'être inférieur ou d'être mal jugé à cause de ta conduite.

hôpital n. m.
Un **hôpital** est un établissement où on soigne les gens qui sont blessés ou malades. Les médecins et les infirmières travaillent dans les **hôpitaux**.

hoquet n. m.
Quand tu as le **hoquet**, tu fais, malgré toi, des bruits saccadés avec ta gorge.

horaire n. m.
1. Lorsqu'on part en voyage, on consulte les **horaires** de trains ou d'avions.
2. L'**horaire** est aussi l'emploi du temps heure par heure. *Connais-tu l'horaire des cours ?*

horizon n. m.
Lorsque tu regardes au loin, l'**horizon** est la ligne imaginaire où le ciel et la mer, ou la terre, semblent se toucher.

horloge n. f.
Une **horloge** est un appareil, de taille variée, qui indique l'heure. Certaines **horloges** sonnent les heures.

horrible adj.
Une chose **horrible** est affreuse ou fait peur. *Un rêve horrible.*

hostile adj.
Quelqu'un d'**hostile** est méchant et se conduit en ennemi. *Cléo se montre toujours hostile envers moi quand mon grand frère n'est pas là.*

hôtel n. m.
Un **hôtel** est un bâtiment comprenant des chambres et un restaurant. Les gens payent pour loger à l'**hôtel** lorsqu'ils sont loin de chez eux, en vacances par exemple.

huile n. f.
L'**huile** est un liquide épais. Elle peut provenir des plantes et est utilisée pour faire la cuisine. *L'huile d'olive.*

humain adj.
Un être **humain** est une personne. Les hommes, les femmes et les enfants sont tous des êtres **humains**.

humeur n. f.
Ton **humeur** est la manière dont tu te sens. *Être de bonne humeur.*

humide adj.
Quelque chose d'**humide** est un peu mouillé. *La rosée a rendu le sol humide.*
Contraire : **sec**

hurler v.
[je hurle, il hurle, nous hurlons]
Quand tu **hurles**, tu pousses de grands cris parce que tu as peur ou que tu t'es blessé.

hutte n. f.
Une **hutte** est une petite maison. Les **huttes** peuvent être faites de branches, de boue séchée ou de paille.

hypocrite adj.
Une personne **hypocrite** dissimule son véritable caractère, ment et affiche de faux sentiments ou opinions.

Ii

iceberg n. m.
Un **iceberg** est un énorme morceau de glace qui flotte dans la mer.

ici adv.
Ici, c'est l'endroit où tu te trouves. *Je suis assis ici depuis dix minutes.*

idée n. f.
Une **idée** est quelque chose de nouveau qui te vient à l'esprit. *Stéphane avait beaucoup d'idées pour sa composition française.*

identique adj.
Deux choses **identiques** sont exactement pareilles. *Vanessa et Chloé portent des chapeaux identiques.*

île n. f.
Une **île** est un morceau de terre entouré d'eau.

illustration n. f.
Une **illustration** est une peinture, un dessin ou une photographie qui accompagne un texte.

imaginer v.
[j'imagine, il imagine, nous imaginons]
Quand tu **imagines** une chose, tu en représentes une image dans ta tête. *Cécilia essaie d'imaginer la bicyclette qu'elle va recevoir pour son anniversaire.*

imiter v.

[j'imite, il imite, nous imitons]
Quand tu **imites** quelqu'un, tu fais exactement tout ce qu'il fait. *Francis imite une grenouille.*

immédiatement adv.

Si tu dois faire quelque chose **immédiatement**, tu dois le faire tout de suite, sans attendre. *Va dans ta chambre immédiatement !*

immeuble n. m.

Un **immeuble** est un grand bâtiment ou une grande maison. Il comporte plusieurs étages et plusieurs logements ou bureaux.

immobile adj.

Une chose **immobile** ne bouge pas du tout.

impair, impaire adj.

Un nombre **impair** ne peut pas être divisé exactement par deux ; 1, 3, 5, 7 et 9 sont des chiffres **impairs**.
Contraire : **pair**

impatient, impatiente adj.

Une personne **impatiente** n'est pas capable d'attendre.
Contraire : **patient**

impeccable adj.

Ce qui est **impeccable** est parfait, sans défaut. *Ce devoir est impeccable : il n'y a aucune faute.*

impoli, impolie adj.

Une personne **impolie** agit mal et est grossière. *Il est impoli de parler la bouche pleine.*
Contraire : **poli**

important, importante adj.

Ce qui est **important** compte beaucoup. *Il est important de se brosser les dents tous les jours.*

impossible adj.

Si une chose est **impossible** à faire, elle ne peut pas être faite. *Il est impossible de contrôler la pluie.*
Contraire : **possible**

imprimer v.

[j'imprime, il imprime, nous imprimons]
Quand on **imprime** un texte ou une image, on les reproduit sur du papier au moyen d'un appareil. *Maman a imprimé le poème que j'ai écrit à l'ordinateur.*

inattendu, inattendue adj.

Un événement **inattendu** est un événement imprévu, auquel on ne s'attendait pas.

incapable adj.

Si tu es **incapable** de faire quelque chose, tu ne peux pas le faire, tu n'en es pas capable. *Le petit Léo est incapable de lacer ses souliers.*
Contraire : **capable**

incendie n. m.

Un **incendie** est un très grand feu qui cause de graves dégâts. *Les pompiers essayent d'éteindre l'incendie.*

inconfortable adj.

Tu n'es pas à l'aise dans une chose **inconfortable**. *Ce fauteuil est inconfortable.*
Contraire : **confortable**

indice n. m.

Un **indice** est un signe qui permet de trouver la trace de quelqu'un ou de quelque chose. *La police a besoin d'indices pour attraper le voleur.*

indiquer v.

[j'indique, il indique, nous indiquons]
Indiquer signifie faire voir d'une manière précise, par un geste, un signe, un repère, un signal. *Le panneau indique la direction à prendre.*

infirmier n. m., infirmière n. f.

Un **infirmier** ou une **infirmière** est une personne qui s'occupe des personnes malades ou blessées. Les **infirmiers** et les **infirmières** travaillent souvent dans les hôpitaux.

information n. f.

Si tu demandes des **informations** sur un sujet, c'est que tu veux savoir des choses à son propos. *Aline cherche des informations sur les cours de natation.*
Autre mot : **renseignement**

ingrédient n. m.

Un **ingrédient** est un des éléments qui est utilisé dans une préparation. *Julie a rassemblé les ingrédients de la recette avant de faire son gâteau.*

inhabituel, inhabituelle adj.

On n'a pas l'habitude de voir ou d'entendre ce qui est **inhabituel**. *Il neige en juillet ; c'est inhabituel.*
Contraires : **commun**, **habituel**, **ordinaire**

initiale n. f.
Une **initiale** est la première lettre d'un nom ou d'un mot. *Les **initiales** de Bernard Dupré sont B.D.*

injuste adj.
Ce qui est **injuste** ne respecte pas les droits. *Ivan trouve **injuste** que sa sœur ait plus d'argent de poche que lui.*
Autre mot : **inéquitable**
Contraires : **équitable**, **juste**

inondation n. f.
Une **inondation** est un débordement d'eaux. *Il y a eu une **inondation** dans la ville.*

inquiéter (s') v.
[je m'inquiète, il s'inquiète, nous nous inquiétons]
Quand tu **t'inquiètes**, tu te fais du souci à propos de choses malheureuses qui pourraient arriver. *Maman **s'inquiète** toujours pour moi quand je suis en retard.*

insecte n. m.
Un **insecte** est un petit animal à six pattes. De nombreux **insectes** ont des ailes.

insigne n. m.
Un **insigne** est une marque, un signe ou un dessin que l'on porte sur un vêtement. Il permet de reconnaître les membres d'un même groupe. *Thomas porte l'**insigne** de son club de tennis.*

instituteur n. m.,
institutrice n. f.
Un **instituteur** ou une **institutrice** est une personne qui enseigne à des enfants dans une école primaire ou maternelle.

les insectes

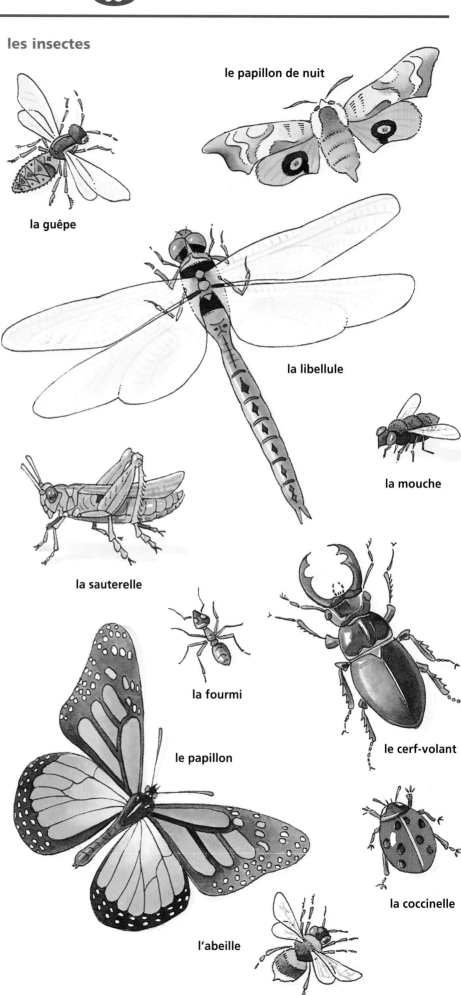

le papillon de nuit

la guêpe

la libellule

la mouche

la sauterelle

la fourmi

le papillon

le cerf-volant

la coccinelle

l'abeille

instrument n. m.

1. Un **instrument** est un objet fabriqué qui sert à faire un travail. *Les médecins et les dentistes utilisent des **instruments**.*

2. Un **instrument de musique** est un objet qui produit de la musique quand on en joue. Le piano, la guitare et la trompette sont des **instruments de musique**.

insupportable adj.

Une personne **insupportable** agit de manière désagréable et fatigue les gens autour d'elle. *Sonia a été **insupportable** toute la journée. Elle n'a pas arrêté de se plaindre et de critiquer tout le monde.*

intact, intacte adj.

Ce qui est **intact** n'est pas abîmé.

intelligent, intelligente adj.

Quelqu'un d'**intelligent** apprend et comprend facilement.
Contraire : **stupide**

intention n. f.

Si tu as l'**intention** de faire quelque chose, c'est que tu veux le faire. *J'ai l'**intention** de partir tôt ce soir.*
Autre mot : **projet**

les instruments de musique

le violon et son archet

la guitare

le violoncelle

les tambours

le triangle

les cymbales

la flûte traversière

l'harmonica

le xylophone

la clarinette

le tambourin

la trompette

le saxophone

les maracas

A B C D E F G H **I** J K L M N O P Q R S T U V W X Y Z

interdire v.

[j'interdis, il interdit,
nous interdisons]
Interdire, c'est défendre à quelqu'un ou à un
animal de
faire
quelque
chose.

intéressant, intéressante adj.

Ce qui est **intéressant** attire
l'attention, éveille la curiosité.
Contraire : **ennuyeux**

intérieur n. m.

1. L'**intérieur** est ce qui est au-
dedans. *L'**intérieur** de la boîte
est rouge.*
2. **À l'intérieur** signifie dans. *Quand
il pleut, on joue **à l'intérieur**.*
Contraire : **à l'extérieur**

interrogation n. f.

1. Une **interrogation** est une
question.
2. Il faut répondre aux questions
d'une **interrogation** en classe. Le
professeur va ensuite corriger les
réponses et donner des notes.
3. Un **point d'interrogation** est un
signe (?) que l'on met à la fin d'une
phrase qui pose une question.

interrompre v.

[j'interromps, il interrompt,
nous interrompons]
Quand tu **interromps** quelqu'un,
tu l'empêches de continuer de faire
ce qu'il est en train de faire. *Serge
écoutait de la musique et sa sœur
l'**a interrompu** en lui enlevant ses
écouteurs.*

intervalle n. m.

1. Un **intervalle** est la distance entre
deux objets. *Les arbres étaient
plantés à trois mètres d'**intervalle**
le long de la route.*
2. Un **intervalle** est aussi l'espace
de temps qui sépare deux dates ou
deux faits. *Ils se sont vus à deux
jours d'**intervalle**.*

inutile adj.

Ce qui est **inutile** ne sert à rien.
*Lorsque je pars en vacances,
j'emporte un tas de vêtements
inutiles. **Inutile** d'insister, je
n'ai pas envie de venir.*

invention n. f.

Une **invention**
est une chose
qui a été créée
ou découverte.
*Le fauteuil
roulant est
une **invention**
très utile.*

invisible adj.

Tu ne peux pas voir ce qui est
invisible. *L'air est **invisible**.*

invité n. m., invitée n. f.

Un **invité** est une personne à qui on
a demandé de nous rendre visite.
*Nous aurons des **invités** à la
campagne dimanche prochain.*

iris n. m.

L'**iris** est la partie colorée de l'œil.
Si l'**iris** est bleu, on a les yeux
bleus.

irriter v.

[j'irrite, il irrite, nous irritons]
Ce qui **irrite** agace, énerve, met en
colère. *Jeanne **irrite** Mathieu avec
ses questions.*

itinéraire n. m.

L'**itinéraire** est le chemin à suivre
pour aller d'un endroit à un autre.
*Quel **itinéraire** devons-nous suivre
pour arriver au bois ?*
Autres mots : **chemin**, **route**,
trajet

ivoire n. m.

L'**ivoire** est la matière dure et
blanche qui constitue les défenses
de l'éléphant.

invitation n. f.

Tu donnes une
invitation à
un ami pour
lui demander
de venir à ta fête
costumée.

Richard invite Sarah à une fête le
samedi 4 mai au 100, rue des Bulles,
Ballonville, de 14 heures à 17 heures.
Prière de porter un costume
de monstre.

J j

jaloux, jalouse adj.
Une personne **jalouse** envie ce que les autres ont.
Autre mot : **envieux**

jamais adv.
Jamais signifie pas une seule fois, à aucun moment. *Il ne faut jamais rien accepter de quelqu'un qu'on ne connaît pas.*
Contraire : **toujours**

jambe n. f.
La **jambe** est la partie du corps qui permet de se tenir debout et de marcher.

jambon n. m.
Le **jambon** est de la viande de porc (la cuisse ou l'épaule).

jardin n. m.
Un **jardin** est un terrain près d'une maison où on fait pousser du gazon, des fleurs et d'autres plantes.

jaune n. m.
1. Le **jaune** est une couleur pâle.
● *Voir* **les couleurs** *à la page 28*
2. Le **jaune d'œuf** est la partie jaune à l'intérieur de l'œuf.

le jaune d'œuf

jaune adj.
Le citron et le beurre sont **jaunes**.

jeans n. m.
Un **jeans** est un pantalon en coton très épais qui s'appelle du denim. On écrit aussi : **jean**

jeter v.
[je jette, il jette, nous jetons]
1. **Jeter**, c'est lancer. *Mireille jette des cailloux dans l'eau.*
2. Quand tu **jettes** une chose, tu t'en débarrasses, tu la mets à la poubelle.
3. **Jeter un coup d'œil**, c'est regarder rapidement. *Maman jette un coup d'œil dans la vitrine.*

jeton n. m.
Un **jeton** est une pièce de plastique plate et ronde.
On l'utilise pour certains jeux.

jeu n. m.
Un **jeu** est une activité à laquelle on prend part et qui procure du plaisir. Les **jeux** ont des règles qu'il faut suivre. Les dames et le football sont des **jeux**.

jeune adj.
Une personne **jeune** n'est pas avancée en âge. *Mon filleul est tout jeune, il n'a que trois ans.*
Contraire : **vieux**

joindre v.
[je joins, il joint, nous joignons]
1. Quand tu **joins** des choses, tu les places pour qu'elles se touchent ou tiennent ensemble. *Alexis a joint tous les rails de son train électrique.*
2. **Se joindre**. Quand tu **te joins** à quelqu'un, tu vas avec lui. *Michel s'est joint à notre équipe de gymnastique.*

joli, jolie adj.
Ce qui est **joli** est agréable à regarder, est beau.
Contraire : **laid**

jongler v.
[je jongle, il jongle, nous jonglons]
Quand tu **jongles**, tu lances des objets en l'air, l'un après l'autre, puis tu les rattrapes et recommences. *Léna sait jongler avec des balles et des quilles.*

les balles   les quilles
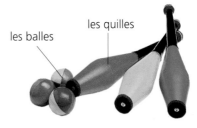

joue n. f.
Les **joues** sont les parties tendres de chaque côté du visage, entre le nez et les oreilles.

jouer v.
[je joue, il joue, nous jouons]
1. Quand tu **joues**, tu fais des choses qui t'amusent. *Les enfants sont allés jouer dans le jardin.*
2. **Jouer** à un jeu ou à un sport, c'est y participer. *J'aime jouer à la marelle avec mes amies. Michel joue au tennis.*
3. Si tu **joues** dans un film, tu y as un rôle, tu es un acteur.
4. **Jouer** d'un instrument de musique, c'est savoir produire des mélodies avec celui-ci. *Charlotte joue de la flûte à bec.*

jouet n. m.
Un **jouet** est un objet avec lequel tu joues.

K k

jour n. m.
1. Un **jour** commence et finit à minuit. Un **jour** dure vingt-quatre heures.
2. Le **jour** est aussi la période de temps entre le lever et le coucher du soleil. Le **jour,** il y a de la lumière. *Le soleil a brillé tout le jour*.
Autre mot : **journée**
Contraire : **nuit**
3. **Tous les jours** signifie toujours. *Je me lève **tous les jours** à 7 heures.*

journal n. m.
1. Un **journal** est constitué de plusieurs feuilles de papier. Il contient des nouvelles et des photos sur ce qui arrive dans ton pays et dans le monde. Certains **journaux** sont imprimés tous les jours (quotidiens).
2. Un **journal** est un livre ou un cahier dans lequel tu écris chaque jour ce qui t'arrive.

joyau n. m.
Un **joyau** est un bijou d'or, d'argent ou de pierres précieuses. *Les diamants sont des **joyaux**.*

joyeux, joyeuse adj.
Quelqu'un de **joyeux** est content, éprouve de la joie.
Autres mots : **gai**, **heureux**
Contraire : **triste**

jumeau n. m., jumelle n. f.
Des **jumeaux** ou des **jumelles** sont deux enfants qui ont la même mère et qui sont nés le même jour. *En général, les **jumeaux** se ressemblent.*

jungle n. f.
Une **jungle** est un endroit, dans un pays chaud, où il y a beaucoup d'arbres et de plantes. Les singes, les perroquets et les serpents vivent dans la **jungle**.

jupe n. f.
Une **jupe** est un vêtement qui s'attache à la taille et qui descend plus ou moins bas. *Les femmes et les filles portent des **jupes**.*

jurer v.
[je jure, il jure, nous jurons]
Quand tu **jures** de faire une chose, tu donnes ta parole que tu vas la faire. *Il **a juré** qu'il ne dirait rien.*
Autre mot : **promettre**

jus n. m.
Le **jus** est un liquide qu'on obtient en pressant un légume ou un fruit. *Du **jus** d'orange.*

jusque prép.
1. **Jusqu'à** un moment signifie d'ici à ce moment-là. *Je garderai Fido **jusqu'au** retour de vacances d'Emmanuel.*
2. **Jusqu'à** un lieu signifie qu'on ne dépasse pas ce lieu. *Aller **jusqu'à** Paris.*

juste adj.
1. Ce qui est **juste** respecte les droits. *Mon père a fait un partage **juste** en donnant un nombre égal de bonbons à chacun.*
Autre mot : **équitable**
Contraires : **inéquitable**, **injuste**
2. Si tu arrives à l'heure **juste**, tu n'es ni en retard ni en avance.
3. Si une chose est trop **juste**, c'est qu'elle est trop petite ou en quantité insuffisante. *Ce repas est trop **juste** pour six personnes.*

juste adv.
Si tu chantes **juste**, tu ne fais pas de fausses notes.

kaki adj. inv.
La couleur **kaki** est d'un jaune brun.

kaléidoscope n. m.
Un **kaléidoscope** est un petit instrument cylindrique dont le fond comporte des morceaux de verre de couleur. Lorsqu'on regarde dans un **kaléidoscope**, on voit de jolies images multicolores.

kangourou n. m.
Un **kangourou** est un grand animal qui se déplace en sautant. La femelle du **kangourou** porte ses petits dans une poche sur son ventre.

kilogramme n. m.
Le **kilogramme** est une unité de poids. Il y a 1 000 grammes dans un **kilogramme**.

kilomètre n. m.
Le **kilomètre** est une mesure de distance. Il y a 1 000 mètres dans un **kilomètre**.

kimono n. m.
Un **kimono** est une longue tunique japonaise à larges manches.

koala n. m.
Le **koala** est un petit animal qui vit en Australie. Il a une fourrure grise et ressemble à un petit ours.

Ll

là adv.
Là signifie dans cet endroit. *Mets ton manteau **là**, dans la penderie.*

lac n. m.
Un **lac** est une grande étendue d'eau entourée de terre.

lacet n. m.
Un **lacet** est un cordon qui sert à attacher les souliers.

lâche adj.
1. Une personne **lâche** manque de courage.
2. Des vêtements **lâches** ne sont pas serrés du tout, ils sont vagues.
Contraire : **ajusté**
3. Ce qui est **lâche** n'est pas fixé solidement. *Cette poignée est **lâche**.*

lâcher v.
[je lâche, il lâche, nous lâchons]
1. Quand tu **lâches** un objet, tu le laisses tomber.
2. Un objet qui **lâche** se casse brusquement. *La corde **a lâché**.*

laid, laide adj.
Une chose **laide** n'est pas agréable à regarder. *Ce tableau est **laid**.*
Contraires : **beau**, **joli**

laine n. f.
La **laine** est le poil qui pousse sur les moutons. On en fait du fil qu'on utilise pour tricoter ou confectionner du tissu.

laisse n. f.
Une **laisse** est un long morceau de cuir ou une chaîne qu'on attache au collier d'un chien. Tu tiens l'autre côté de la **laisse** pour mener le chien.

laisser v.
[je laisse, il laisse, nous laissons]
1. Quand tu **laisses** une chose, tu l'oublies. *J'**ai laissé** mon manteau à la maison.*
2. Quand tu **laisses** quelqu'un, tu le quittes. *J'**ai laissé** mon frère à huit heures.*
3. Si on te **laisse** faire une chose, on te permet de la faire. *Papa m'**a laissé** regarder la télévision.*

lait n. m.
Le **lait** est un liquide blanc, opaque, très nourrissant, produit par les glandes mammaires des femelles des mammifères (êtres humains ou animaux). *Nous buvons souvent du **lait** de vache.*

laiterie n. f.
Une **laiterie** est l'endroit où le lait est mis dans des bouteilles ou des cartons. Les aliments faits avec du lait, comme le fromage et le beurre, sont aussi fabriqués dans les **laiteries**.

lambiner v.
[je lambine, il lambine, nous lambinons]
Lambiner, c'est prendre trop de temps pour faire quelque chose.
Contraire : **se dépêcher**

lame n. f.
Une **lame** est la partie du couteau qui coupe. Les ciseaux ont deux **lames**.

lampe n. f.
Une **lampe** est un appareil qui sert à éclairer. La plupart des **lampes** fonctionnent à l'électricité. *Anna a une **lampe** à côté de son lit.*

langouste n. f.
Une **langouste** est un animal marin qui ressemble au homard, mais qui n'a pas de pinces. La **langouste** a de longues antennes.

langue n. f.
1. Une **langue** est l'ensemble des mots que les gens utilisent pour parler et écrire. *Justin sait parler trois **langues**.*
2. La **langue** est l'organe allongé qui se trouve dans la bouche. On utilise sa **langue** pour goûter, manger et parler.

lanterne n. f.
Une **lanterne** est une lampe qu'on peut transporter. *Pierre a pris une **lanterne** pour aller dans la grotte.*

laper v.
[je lape, il lape, nous lapons]
Un animal qui **lape** un liquide boit celui-ci à coups de langue.

lapin n. m.
Un **lapin** est un petit animal à fourrure qui a de longues oreilles et une petite queue. Les **lapins** vivent dans des clapiers ou dans des terriers.

large adj.
Ce qui est **large** est étendu dans le sens de la largeur. *La rivière est **large**, car ses rives sont très éloignées. Le pantalon de Catherine est trop **large** pour elle.*
Contraire : **étroit**

A B C D E F G H I J K L M N O P Q R S T U V W X Y Z

largeur n. f.
La **largeur** est le plus petit côté d'une surface.

larme n. f.
Les **larmes** sont des gouttes d'eau salée qui sortent des yeux quand on pleure.

lave-linge n. m. inv.
Un **lave-linge** est un appareil qui sert à laver les vêtements.

laver v.
[je lave, il lave, nous lavons]
1. Quand tu **laves** une chose, tu en enlèves toute la saleté avec de l'eau et du savon. *Michel et Daniel **lavent** l'auto de leur mère.*

2. **Se laver**, c'est se nettoyer avec de l'eau. *Nathalie **s'est lavé** les mains; elles étaient toutes noires.*

lave-vaisselle n. m. inv.
Un **lave-vaisselle** est un appareil qui sert à laver et à sécher les assiettes et les verres.

lécher v.
[je lèche, il lèche, nous lèchons]
Quand tu **lèches** quelque chose, tu passes ta langue dessus. *Le chat de Louise **lèche** le lait renversé sur la table.*

leçon n. f.
1. Une **leçon** est ce qu'un élève doit apprendre.
2. Une **leçon** est aussi une période de temps pendant laquelle on t'enseigne quelque chose.

léger, légère adj.
Une chose **légère** ne pèse pas beaucoup.
Contraire : **lourd**

légume n. m.
Un **légume** est une plante que l'on fait pousser et dont on mange certaines parties. Les pommes de terre, les carottes et les petits pois sont des **légumes**.

lent, lente adj.
Ce qui est **lent** n'est pas rapide. *Le train est **lent**.*
Contraire : **rapide**

lentille n. f.
1. Une **lentille** est un petit légume sec et rond.
2. Une **lentille** est aussi un morceau de plastique transparent ou de verre de forme arrondie dont on se sert pour voir les objets en plus gros ou mieux. Les **lentilles** sont utilisées dans les télescopes ou pour les lunettes.

léopard n. m.
Le **léopard** (ou panthère d'Afrique) est une sorte de grand chat avec une fourrure jaune tachetée de noir.

lettre n. f.
1. Une **lettre** est un signe qu'on utilise pour écrire des mots. A, M et Z sont des **lettres**. *Il y a 26 **lettres** dans notre alphabet.*
2. Une **lettre** est aussi un message qu'on écrit sur du papier. En général, on met une **lettre** dans une enveloppe et on l'envoie par la poste.

12, rue des Rois
Princeville
Le 20 mars 1998

Chère tante Béatrice,
Merci pour la pâte à modeler que tu m'as offerte pour mon anniversaire. La première chose que j'ai faite, c'est la lettre M comme maman. Maintenant, je fabrique des lettres pour toute ma famille. J'espère que tu aimes celle que j'ai faite pour toi. Nous avons tous très hâte de te revoir.

Mille baisers,
Mimi

lever v.
[je lève, il lève, nous levons]
1. Quand tu **lèves** la main en classe, tu la places au-dessus de ta tête pour être vu et obtenir le droit de parler. *Laura **lève** la main pour poser une question.*
2. **Se lever**, c'est sortir de son lit. Contraire : **se coucher**

lèvre n. f.
La **lèvre** est le bord de la bouche. Tu as deux **lèvres**.

lézard n. m.
Un **lézard** est un petit reptile avec un long corps couvert d'écailles. Les **lézards** pondent des œufs.

librairie n. f.
Une **librairie** est un magasin où l'on vend des livres.

libre adj.
Une personne ou un animal est **libre** s'il peut aller où il veut et faire ce qu'il veut.

lieu n. m.
1. Un **lieu** est un endroit.
2. **Au lieu de** signifie à la place de. *Bertrand a pris le bus **au lieu de** marcher jusqu'au parc.*

ligne n. f.
Une **ligne** est un long trait mince. *J'écris sur les **lignes** de mon cahier.*

lion n. m., lionne n. f.
Le **lion** est un grand chat sauvage à pelage brun clair. Le **lion** a une épaisse crinière. Les **lions** vivent en Afrique et en Asie.

liquide n. m.
Un **liquide** est une substance qui peut être versée. L'eau, l'huile et le jus de fruits sont des **liquides**.

lire v.
[je lis, il lit, nous lisons]
Quand tu **lis**, tu regardes les mots dans un livre et tu comprends ce qu'ils veulent dire. *Judith **lit** une histoire à son petit frère.*

lisse adj.
Une surface **lisse** est douce au toucher, elle n'a pas de bosses. *Ma peau est **lisse**.* Contraire : **rugueux**

liste n. f.
Une **liste** est une suite de mots écrits l'un en dessous de l'autre. *La **liste** des commissions.*

lit n. m.
1. Le **lit** est le meuble dans lequel on se couche quand on veut dormir ou se reposer.
2. Le **lit** d'un cours d'eau est le creux du terrain où il coule. *La rivière a débordé de son **lit** et a causé une inondation.*

livre n. m.
Un **livre** est un ensemble de pages à l'intérieur d'une couverture. Les **livres** peuvent contenir des mots ou des images.

livrer v.
[je livre, il livre, nous livrons]
Si on **livre** un objet à quelqu'un, on le lui apporte. *Le facteur **a livré** un colis à Jean-Claude.*

locomotive n. f.
La **locomotive** est l'engin à l'avant du train qui tire tous les wagons et les voitures sur la voie ferrée.

loi n. f.
Une **loi** est une règle que tous les habitants d'un pays doivent suivre.

loin adv.
Loin signifie très éloigné, à une grande distance. *Mon ami a déménagé très **loin** d'ici.* Contraire : **près**

loisir n. m.
Les **loisirs** sont les occupations, les distractions d'une personne pendant son temps libre. *Mes principaux **loisirs** sont la lecture et le bricolage.*

long n. m.
1. Un banc qui mesure un mètre de **long** a une longueur de un mètre.
2. Marcher **le long d'**une chose, c'est en suivre le bord, marcher à côté d'elle. *Linda marche **le long de** la rivière.*

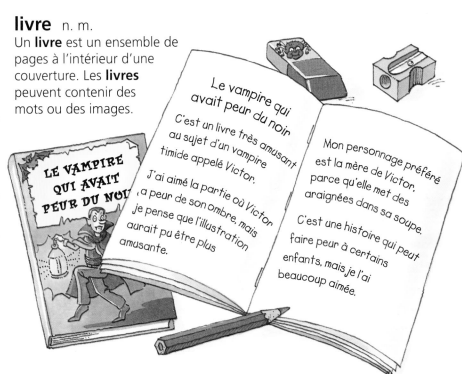

Le vampire qui avait peur du noir

C'est un livre très amusant au sujet d'un vampire timide appelé Victor.

J'ai aimé la partie où Victor a peur de son ombre, mais je pense que l'illustration aurait pu être plus amusante.

Mon personnage préféré est la mère de Victor, parce qu'elle met des araignées dans sa soupe.

C'est une histoire qui peut faire peur à certains enfants, mais je l'ai beaucoup aimée.

A B C D E F G H I J K L M N O P Q R S T U V W X Y Z

long, longue adj.
1. Une chose **longue** a ses deux bouts très éloignés l'un de l'autre. *Katia a les cheveux très longs.*
2. Ce qui est **long** prend beaucoup de temps.
Contraire : **court**

longueur n. f.
On trouve la **longueur** d'une chose en mesurant son plus grand côté. *Papa mesure la longueur de la planche.*

losange n. m.
Un **losange** est une forme qui a quatre côtés égaux.
● *Voir les formes à la page 48*

louer v.
[je loue, il loue, nous louons]
Quand on **loue** une maison ou un appartement, on donne de l'argent au propriétaire et, en échange, on a le droit d'y habiter.

loup n. m.
Un **loup** est un animal sauvage qui ressemble à un chien. Les **loups** ont une fourrure épaisse. Ils vivent dans la forêt et chassent en groupe.

loupe n. f.
Une **loupe** est un instrument muni d'une lentille de verre qui permet de voir les objets en plus gros.

lourd, lourde adj.
Ce qui est **lourd** a un poids élevé. *Paul essaie de soulever la lourde caisse.*
Contraire : **léger**

loutre n. f.
Une **loutre** est un animal à pelage brun et queue épaisse. Les **loutres** vivent près des cours d'eau et attrapent du poisson pour se nourrir.

luge n. f.
On s'assoit sur une **luge** pour glisser rapidement sur la neige.

lumière n. f.
Lorsqu'il y a de la **lumière**, tu peux voir autour de toi. Le soleil, les lampes et le feu émettent de la **lumière**.

lune n. f.
La **Lune** est le disque lumineux que l'on voit dans le ciel pendant la nuit. *La Lune fait le tour de la Terre en environ un mois.*

lunettes n. f. pl.
Les gens portent des **lunettes** pour mieux voir. Les **lunettes** sont composées d'une monture qui encercle deux verres.

Mm

macaronis n. m. pl.
Les **macaronis** sont des pâtes en forme de petits tubes.

mâcher v.
[je mâche, il mâche, nous mâchons]
Quand tu **mâches** de la nourriture, tu l'écrases avec tes dents avant de l'avaler.

machine n. f.
Une **machine** est un objet fabriqué qui exécute un travail. Les **machines** ont plusieurs pièces qui bougent. Les voitures, les ordinateurs et les grues sont des **machines**.

mâchoire n. f.
Les **mâchoires** sont les os de la bouche dans lesquels sont implantées les dents. La **mâchoire** inférieure bouge quand on parle ou quand on mange.

magasin n. m.
Un **magasin** est un commerce où on peut acheter des marchandises.

magie n. f.
1. Dans les livres, la **magie** est le pouvoir de faire arriver des choses impossibles.
2. La **magie,** c'est aussi l'art de faire des choses qui semblent impossibles. *Faire des tours de magie.*

magnétoscope n. m.
Un **magnétoscope** est un appareil qui permet d'enregistrer des émissions de télé et des films sur cassettes vidéo pour les regarder plus tard.

magnifique adj.
Ce qui est **magnifique** est vraiment très beau.
Autres mots : **splendide, superbe**
Contraires : **affreux, horrible**

maillot n. m.
1. Un **maillot** colle au corps et est très confortable. *Joëlle porte un maillot pendant ses cours de danse.*
2. Un **maillot de bain** est un vêtement qu'on porte pour se baigner.

main n. f.
La **main** est la partie du corps située au bout du bras. Elle permet de tenir des objets.

la main

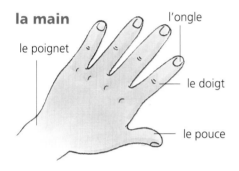

l'ongle

le poignet

le doigt

le pouce

maintenant adv.
Maintenant signifie en ce moment. *Il ne pleut plus maintenant, allons jouer dehors.*

mais conj.
Mais s'emploie pour annoncer une idée contraire à celle qui a été exprimée. *Il devait faire beau toute la journée, mais il a plu l'après-midi.*

maison n. f.
1. Une **maison** est un bâtiment dans lequel les gens vivent. *Dans quel quartier est ta maison ?*
2. Être **à la maison**, c'est être chez soi. *Je serai à la maison demain.*

majuscule n. f.
Une **majuscule** est une grande lettre de l'alphabet, comme R et Z. Tu utilises une **majuscule** lorsque tu commences une phrase ou quand tu écris un nom propre. *Les mots Québec et France prennent une majuscule.*
Contraire : **minuscule**

mal n. m.
1. Avoir **mal**, c'est souffrir. *J'ai mal à la tête.*
2. Faire **mal** à quelqu'un, c'est le faire souffrir. *Jean m'a bousculé et m'a fait mal.*
3. Quelque chose qui fait **mal** est douloureux. *Le coude me fait mal parce que je me suis cogné.*

mal adv.
Si une personne fait **mal** quelque chose, elle ne le fait pas bien.

malade n. m.
Un **malade** est quelqu'un qui n'est pas en bonne santé. *Le malade va mieux, il commence à s'alimenter.*

malade adj.
Quand tu es **malade**, tu ne te sens pas bien. *Nicolas était malade et il a dû rester au lit.*

maladie n. f.
Quand tu as une **maladie**, tu as un problème de santé, tu es malade. La varicelle est une **maladie**.

maladroit, maladroite adj.
Une personne **maladroite** n'a pas les gestes précis, elle n'est pas habile, elle manque d'adresse. *Guy est maladroit, il fait tout tomber.*
Autre mot : **gauche**
Contraire : **adroit**

mâle adj.
Une personne ou un animal **mâle** appartient au sexe qui ne peut pas avoir d'enfants.
Opposé : **femelle**

malfaisant, malfaisante adj.
Une personne **malfaisante** est très méchante et aime faire du mal.

malheureux, malheureuse adj.
Si tu es **malheureux**, tu es triste, déprimé ou contrarié. *Vincent est malheureux de voir les grandes vacances prendre fin ; il voudrait encore rester à la mer.*
Contraire : **heureux**

malhonnête adj.
Une personne **malhonnête** ne dit pas la vérité ou vole.
Contraire : **honnête**

malle n. f.
Une **malle** est un gros coffre dans lequel on range les objets et vêtements qu'on emporte en voyage.

maman n. f.
1. Tu appelles ta mère **maman**.
2. Ta mère est une **maman**.

mammifère n. m.
Un **mammifère** est un animal capable d'avoir des petits et de les nourrir avec son propre lait. Les êtres humains, les baleines et les chiens sont des **mammifères**.

manche n. m.
Le **manche** est la partie étroite d'un outil ou d'un instrument par laquelle on le tient quand on s'en sert. *Le manche de la hache est en bois.*

manche n. f.
La **manche** est la partie d'un vêtement qui couvre le bras. *Une chemise à manches longues.*

manchot n. m.
Le **manchot** est un oiseau marin noir et blanc qui vit au pôle Sud, où il fait très froid. Les **manchots** ne peuvent pas voler. Ils nagent grâce à leurs ailes.

mandarine n. f.
Une **mandarine** est un fruit qui ressemble à une petite orange, doux et parfumé, et dont la peau se détache facilement.

manger v.
[je mange, il mange, nous mangeons]
Quand tu **manges**, tu mâches les aliments, puis tu les avales. *Simon* **mange** *de la salade.*

manière n. f.
1. La **manière** de faire quelque chose est la façon de le faire. *De quelle* **manière** *vas-tu accrocher ce tableau ?*
2. Avoir de **bonnes manières**, c'est savoir comment se comporter. *Georges a de* **bonnes manières**, *il est toujours poli et serviable.*

manquer v.
[je manque, il manque, nous manquons]
1. Si tu **manques** ton train, tu le rates.
2. Si quelqu'un **te manque**, c'est que tu t'ennuies de cette personne. *Quand maman est en voyage, elle* **me manque** *beaucoup.*
3. Si une chose **manque**, c'est qu'elle est en moins dans un ensemble. *Il* **manque** *un bouton à mon manteau.*
4. Un aliment ou un plat qui **manque** de sel, c'est un plat qui n'en contient pas assez. *Ces épinards* **manquent** *de sel.*

manteau n. m.
Un **manteau** est un vêtement qu'on porte par-dessus les autres vêtements. Les **manteaux** ont des manches longues et sont épais et chauds.

marais n. m.
Un **marais** est un endroit où le sol est mou, boueux ou recouvert d'eau. De nombreux oiseaux et autres animaux vivent dans les **marais**.

marbre n. m.
Le **marbre** est une belle pierre très dure. Beaucoup de statues et de bâtiments sont en **marbre**.

marche n. f.
Une **marche** est une surface plate sur laquelle on met le pied quand on monte ou descend un escalier. *Il y a trois* **marches** *devant la porte d'entrée de ma maison.*

marché n. m.
1. Un **marché** est un lieu public où on peut acheter des produits alimentaires ou d'usage courant. Les **marchés** se tiennent souvent à l'extérieur.

2. **Faire son marché**, c'est faire ses courses au supermarché ou au marché.
3. Ce qui est **bon marché** ne coûte pas cher.
Contraire : **cher**

marcher v.
[je marche, il marche, nous marchons]
Quand tu **marches**, tu te déplaces en mettant un pied devant l'autre. *Katie* **marche** *d'un bon pas.*

margarine n. f.
La **margarine** est un aliment gras qui ressemble au beurre. On peut tartiner la **margarine** sur du pain ou l'utiliser pour cuisiner.

marge n. f.
La **marge** est l'espace blanc autour de la page d'un livre.

marguerite n. f.
Une **marguerite** est une fleur avec des pétales blancs et un cœur jaune.

mari n. m.
Le **mari** d'une dame est l'homme avec lequel elle est mariée.
Opposé : **femme**

mariage n. m.
Lors d'un **mariage**, un homme et une femme se marient.

marier (se) v.
[je me marie, il se marie, nous nous marions]
Quand un homme et une femme **se marient**, ils se promettent de vivre ensemble.
Autre mot : **épouser**
Contraire : **divorcer**

marionnette n. f.
Une **marionnette** est une sorte de poupée que l'on actionne à la main. Certaines **marionnettes** s'enfilent comme un gant, que l'on fait bouger avec les doigts. D'autres sont suspendues à des fils, sur lesquels on tire.

marquer v.
[je marque, il marque, nous marquons]
1. **Marquer**, c'est signaler par une **marque**. *Marque la page avec un trombone.*
2. Si tu **marques** un but, c'est que tu réussis à envoyer le ballon dans le filet. *Raymond* **a marqué** *trois buts ce matin au football.*

marron   n. m.
Le **marron** est le fruit comestible du châtaignier cultivé. Il est de couleur brune. *Olivier mange des **marrons** chauds.*

marron   adj. inv.
La couleur **marron** est celle du bois et du chocolat.
● *Voir* **les couleurs** *à la page 28*
Autre mot : **brun**

marteau   n. m.
On utilise un **marteau** pour enfoncer des clous. Le **marteau** est composé d'un manche et d'un lourd morceau de métal.
● *Voir* **les outils** *à la page 78*

masque   n. m.
Un **masque** est un objet qui représente une personne ou un animal et dont on couvre son visage. Quand on se déguise, on porte souvent un **masque**.

match   n. m.
Un **match** est une rencontre sportive entre deux équipes ou deux joueurs. *Un **match** de tennis.*

matelas   n. m.
Un **matelas** est le grand coussin épais et confortable du lit sur lequel on dort. Les **matelas** ont souvent des ressorts.

matériau   n. m.
Un **matériau** est une matière qui sert à la fabrication de quelque chose. Les briques, le bois et le verre sont des **matériaux** de construction.

mathématiques   n. f. pl.
Quand tu étudies les **mathématiques**, tu étudies les chiffres, les opérations et les grandeurs.

matière   n. f.
1. La **matière**, c'est ce dont sont faits certains objets, une substance particulière que l'on peut distinguer des autres. *L'acier est une **matière** plus solide que le papier.*
2. Une **matière** est un sujet qu'on étudie à l'école. *La géographie et le français sont les **matières** préférées de Johanne.*

matin   n. m.
Le **matin** est la partie du jour avant midi.

mauvais, mauvaise   adj.
1. Ce qui est **mauvais** n'est pas bien, n'est pas bon ou a peu de valeur. *Ce gâteau est **mauvais**. Ce film est **mauvais**.*
Contraire : **bon**
2. **Mauvais** peut aussi vouloir dire méchant. *Le voleur a jeté un regard **mauvais** au policier.*
Contraire : **gentil**
3. Quand il fait **mauvais**, le temps n'est pas beau.
Contraire : **beau**

méchant, méchante   adj.
Quelqu'un de **méchant** veut faire du mal. *Le chien est **méchant**, il mord les passants.*
Contraire : **gentil**

médaille   n. f.
On donne des **médailles** aux gens en prix ou en récompense. Elles ressemblent souvent à une grosse pièce de monnaie au bout d'un ruban.

médecin   n. m.
Un **médecin** est quelqu'un qui soigne et qui guérit les malades.

médicament   n. m.
Un **médicament** est une substance que les gens prennent lorsqu'ils sont malades, pour les aider à guérir.

meilleur, meilleure   adj.
1. Ce qui est **meilleur** est supérieur à ce à quoi on le compare. *Cette pizza est **meilleure** que celle que j'ai mangée la semaine dernière.*
2. Être **le meilleur** en quelque chose, c'est être celui qui réussit le mieux. *Je suis **le meilleur** coureur, car je suis celui qui court le plus vite.*

mélange   n. m.
Faire un **mélange**, c'est mettre des choses différentes ensemble. *La boue est un **mélange** d'eau et de terre.*

mélanger   v.
[je mélange, il mélange, nous mélangeons]
Quand tu **mélanges** deux ou plusieurs choses différentes, tu les mets ensemble pour n'en faire qu'une. *Joseph **a mélangé** du rouge avec du jaune pour obtenir de l'orange.*

membre   n. m.
1. Un **membre**, c'est un de tes bras ou une de tes jambes.
2. Si tu es **membre** d'un groupe, tu en fais partie.

mémoire   n. f.
Tu utilises ta **mémoire** pour te rappeler les choses. Si tu as une bonne **mémoire**, tu t'en souviens facilement. Si tu as une mauvaise **mémoire**, tu les oublies.

mener   v.
[je mène, il mène, nous menons]
1. Quelqu'un qui **mène** une opération la dirige. *Le policier **mène** l'enquête.*
2. Un chemin qui **mène** à un endroit y va. *Le sentier **menait** à la rivière.*

mentir v.
[je mens, il ment, nous mentons]
Quand tu **mens**, tu dis des choses
qui ne sont pas vraies.

menton n. m.
Le **menton** est la partie du visage
au-dessous de la bouche.

menu n. m.
Un **menu** est la liste des plats que
l'on peut commander dans un
restaurant.

mer n. f.
La **mer** est une très grande étendue
d'eau salée. *La **mer** Morte.*

mère n. f.
Une **mère** est une femme qui a au
moins un enfant.

mériter v.
[je mérite, il mérite, nous méritons]
Si tu **mérites** une récompense,
tu peux l'avoir parce que tu as fait
quelque chose de bien. *Maxime
a bien travaillé; il **mérite** une
récompense.*

message n. m.
Un **message**
est une
information
que tu laisses
à quelqu'un
ou que tu lui
fais parvenir.

N'oublie pas de faire tes devoirs!

mesurer v.
[je mesure, il mesure,
nous mesurons]
Quand tu **mesures** une chose, tu
cherches à connaître sa taille.

métal n. m.
Le **métal** est un matériau dur que
l'on extrait du sol. Les **métaux** sont
utilisés pour fabriquer des machines,
des véhicules et des bijoux. Le fer,
le cuivre et l'or sont des **métaux**.

mètre n. m.
Le **mètre** est une unité de longueur.
Tu mesures plus de un **mètre**, mais
moins de deux **mètres**.

mettre v.
[je mets, il met, nous mettons]
1. Si tu **mets** une chose quelque
part, tu la places à un endroit.
*Veux-tu **mettre** les assiettes
sur la table, s'il te plaît.*
Contraires : **enlever**, **ôter**, **retirer**
2. **Mettre la table**.
Quand tu **mets la
table**, tu places sur
celle-ci tout ce
qu'il faut pour
manger.

meuble n. m.
Les **meubles** sont tous les gros
objets, comme les tables, les chaises,
les lits, que les gens ont dans leur
maison. *Lorsque nous avons
déménagé, nous avons acheté de
nouveaux **meubles**.*

micro n. m.
On utilise un
micro pour
augmenter
le son de la voix
ou pour l'enregistrer.
Autre mot : **microphone**

microbe n. m.
Un **microbe** est un minuscule
organisme vivant qui se déplace dans
les airs. Si tu attrapes un **microbe**, tu
peux tomber malade. On ne voit les
microbes qu'avec un microscope.
*On met la main devant la bouche
quand on éternue, pour ne pas
donner nos **microbes** aux autres.*

microscope n. m.
Un **microscope** permet
de voir les objets
minuscules en beaucoup
plus grand, de les
examiner et de les
étudier. *Nous avons
regardé des
pétales de
fleur au
microscope.*

midi n. m.
Midi, c'est 12 heures, c'est-à-dire le
milieu du jour.

miel n. m.
Le **miel** est une
substance sucrée et
collante fabriquée par
les abeilles. On mange
du **miel** sur du pain.

mien, mienne pron.
Quand tu dis c'est **le mien**, tu veux
dire que c'est à toi. *Ne touche pas à
ce chocolat, c'est **le mien**.*

miette n. f.
Une **miette** est un tout petit
morceau d'un aliment sec. Le pain
et les biscuits font des **miettes**.

mieux adv.
1. Quand tu utilises le mot **mieux**,
c'est pour comparer une chose très
bonne à une autre moins bonne.
*Ma bicyclette est **mieux** équipée
que la tienne.*
2. Quand tu dis que tu vas **mieux**,
c'est que tu te sens moins malade.

milieu n. m.
Le **milieu** d'une chose est la partie qui
est à égale distance de ses bords. *Il y a
un arbre au **milieu** de notre jardin.*
Autre mot : **centre**

mime n. m.
Un **mime** est un
acteur qui s'exprime
seulement avec des
gestes, sans parler.
*Émilie est un très bon
mime; on dirait
vraiment qu'elle est
enfermée dans une
cage de verre.*

mince adj.
1. Ce qui est **mince** est étroit.
*Une ceinture **mince**.*
Contraire : **large**
2. Ce qui est **mince** est peu épais.
*Un verre de lunettes est **mince**.*
3. Une personne **mince** n'est pas
grosse et ne pèse pas beaucoup.
Contraires : **gras**, **gros**

mine n. f.
Une **mine** est un terrain où on creuse le sol pour trouver du charbon ou des diamants par exemple.

minuit n. m.
Minuit, c'est 24 heures ou zéro heure, c'est-à-dire le milieu de la nuit.

minuscule n. f.
Une **minuscule** est une petite lettre de l'alphabet comme « c » ou « o ». Contraire : **majuscule**

minuscule adj.
Ce qui est **minuscule** est très petit. *Un insecte minuscule.* Contraire : **énorme**

minute n. f.
Une **minute** est une période de temps. Une **minute** dure soixante secondes. Il y a soixante **minutes** dans une heure.

miroir n. m.
Un **miroir** est un morceau de verre particulier dans lequel on peut se voir. *Nathan se regarde dans le miroir.*

modèle n. m.
1. Un **modèle** est un objet ou une personne que tu reproduis dans un dessin, par exemple. *Jean regarde bien le modèle avant de le copier sur sa feuille.*
2. Un **modèle réduit** est une copie d'un objet en petit. *Jacques a un modèle réduit d'un voilier dans une bouteille.* Autre mot : **maquette**

moins prép.
Moins est la quantité qu'on retire. Le signe **moins** est —. *Dix moins quatre font six.* Contraire : **plus**

moins adv.
1. **Moins** signifie en moins grand nombre ou en moins grande quantité. *J'ai eu moins de bonbons que mon frère.* Contraire : **plus**
2. **Le moins** signifie moins que tous les autres. *C'est Amanda qui a le moins mangé.*

mois n. m.
Un **mois** est une période d'environ quatre semaines. Il y a douze **mois** dans une année. Mai et juin sont des **mois**.

moitié n. f.
Si tu coupes quelque chose en deux parties égales, tu te retrouves avec deux **moitiés** de cette chose. *Camille a pris la moitié de la pomme.*

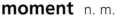

moment n. m.
Un **moment** est une période de temps très courte. *Attends-moi un moment pendant que je ferme la porte.*

monde n. m.
Le **monde** signifie un certain nombre de personnes. *Il y a beaucoup de monde ici.*

monnaie n. f.
1. La **monnaie** d'un pays est l'argent utilisé dans ce pays. *La monnaie du Japon est le yen.*
2. La **monnaie** que te rend la caissière est la différence entre le montant d'argent que tu lui as donné et le prix de ce que tu as acheté.
3. Une **pièce de monnaie** est un morceau de métal plat et plus ou moins rond avec lequel tu paies un achat.

monstre n. m.
Dans les histoires, un **monstre** est un animal ou une personne effrayant ou gigantesque. Les **monstres** sont méchants et souvent très laids.

montagne n. f.
Une **montagne** est un terrain très élevé. Les **montagnes** sont plus hautes que les collines.

monter v.
[je monte, il monte, nous montons]
1. Quand on **monte**, on va vers le haut. Contraire : **descendre**
2. Quand tu **montes** un objet, tu assembles toutes les pièces qui le composent pour pouvoir t'en servir. *Henri est en train de monter un modèle réduit d'avion.* Autre mot : **construire**

montre n. f.
Une **montre** est une petite boîte à cadran qu'on porte au poignet et qui indique l'heure.

montrer v.

[je montre, il montre, nous montrons]

1. Quand tu **montres** un objet à quelqu'un, tu le lui fais voir. *Sophie montre sa nouvelle bicyclette à tous ses amis.*

2. Montrer une chose, c'est la faire voir par un signe. ***Montrez*-moi le chemin. *Katia m'a montré la chouette qui s'était perchée sur l'arbre.***

3. Quand tu **montres** quelque chose à quelqu'un, tu lui apprends à le faire ou tu le lui expliques.

moquer (se) v.

[je me moque, il se moque, nous nous moquons]

Quand tu **te moques** de quelqu'un, tu ris de lui d'une façon pas gentille. *Alice **se moquait** de son frère à cause de sa nouvelle coupe de cheveux.*

morceau n. m.

Un **morceau** est une partie de quelque chose. *Un **morceau** de craie. Un **morceau** de gâteau.*

mordre v.

[je mords, il mord, nous mordons]

Quand tu **mords** dans une chose, tu y enfonces tes dents. *Patricia **mord** dans la poire.*

mort, morte adj.

Si une personne, une plante ou un animal sont **morts**, c'est qu'ils ne vivent plus.

Contraire : **vivant**

mot n. m.

1. Un **mot** est un groupe de sons ou de lettres qui veut dire quelque chose. On se sert des **mots** pour parler et pour écrire.

2. Quand tu dis des **gros mots**, tu dis des mots grossiers.

mots croisés n. m. pl.

Les **mots croisés** sont un jeu composé de mots à trouver à l'aide de définitions. Pour chaque définition numérotée, il faut chercher un mot ayant le même nombre de lettres qu'il y a de cases pour ce mot dans la grille.

HORIZONTALEMENT

1. Quand tu respires, c'est de l'___ qui entre dans tes poumons.

3. D'un goût amer.

6. Qui est très vieux.

8. Quand une montagne est haute, elle est ___.

12. Quand on a une grosse émotion, nous sommes ___.

13. C'est avant deux.

14. Après le printemps, c'est l'___.

VERTICALEMENT

1. Une personne que tu aimes est une ___.

2. Quand ta maman sépare tes cheveux en deux avec un peigne, elle fait une ___.

4. Un angle dans une pièce, c'est un ___.

5. Pour avoir le nez en l'air, tu ___ la tête.

7. J'ai une ___ ! On va jouer à la marelle.

9. On s'en sert pour fixer une planche.

10. Un chat en ___ n'est pas mort.

11. Quand le soleil brille, on dit qu'il ___.

Voir solution à la page 120.

moteur n. m.

Un **moteur** est un appareil qui fait fonctionner ou bouger un objet. Les autos, les avions et les bateaux ont des **moteurs**.

le moteur

motif n. m.

1. Un **motif** est la raison qui nous pousse à faire quelque chose. *Quel est le **motif** de votre visite ? Je ne comprends pas les **motifs** de sa conduite.*

Autres mots : **cause**, **intention**, **raison**

2. Un **motif** est la manière dont les couleurs et les dessins sont arrangés. *J'aime le **motif** à carreaux de tes rideaux.*

Autre mot : **dessin**

moto n. f.
Une **moto** est un véhicule à deux roues, à moteur à essence.

une moto

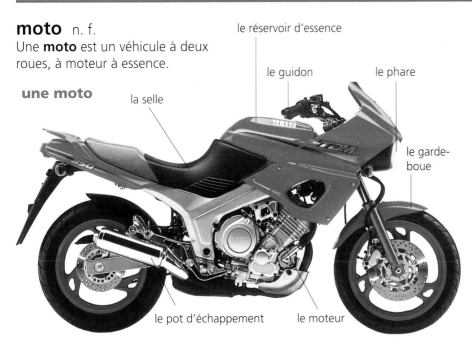

le réservoir d'essence

le guidon

le phare

la selle

le garde-boue

le pot d'échappement

le moteur

mou, molle adj.
Une chose **molle** n'est pas dure ; on peut y enfoncer les doigts. Les choses **molles** changent facilement de forme. *L'oreiller est mou.*
Contraires : **dur**, **rigide**

mouche n. f.
Une **mouche** est un insecte avec des ailes très minces et transparentes.
● *Voir* **les insectes** *à la page 58*

mouchoir n. m.
Un **mouchoir** est un morceau de tissu ou de papier, en général de forme carrée, dont on se sert pour se moucher.

mouillé, mouillée adj.
Ce qui est **mouillé** est plein d'eau ou en est couvert. *La table est mouillée.*
Contraire : **sec**

moulin n. m.
Un **moulin** à vent est un bâtiment avec de grandes ailes. Lorsque le vent fait tourner les ailes, une machine à l'intérieur tourne et broie le grain pour en faire de la farine.

mourir v.
[je meurs, il meurt, nous mourons]
Quand une personne, une plante ou un animal **meurent**, ils cessent de vivre.
Contraires : **naître**, **vivre**

moustache n. f.
Une **moustache**, c'est les longs poils qui poussent au-dessus de la bouche des hommes et de certains animaux, comme les souris, les chats et les lapins. *Ma souris apprivoisée a de longues moustaches.*

mouton n. m.
Un **mouton** est un animal de la ferme couvert de laine. On élève les **moutons** pour leur laine et leur viande.

moyen, moyenne adj.
Ce qui est de grandeur **moyenne** n'est ni petit ni gros, mais entre les deux.

multicolore adj.
Ce qui est **multicolore** est de plusieurs couleurs.

multiplier v.
[je multiplie, il multiplie, nous multiplions]
Quand tu **multiplies** quatre par trois, tu additionnes trois fois le nombre quatre.

$$4 \times 3 = 12$$

mur n. m.
Un **mur** est un côté d'un bâtiment ou d'une pièce.

mûr, mûre adj.
Un fruit est **mûr** s'il est prêt à être mangé. *La banane est mûre.*

muscle n. m.
Dans le corps, les **muscles** se trouvent sous la peau. Ils sont attachés aux os et tirent dessus pour assurer les mouvements.

musique n. f.
La **musique** est un ensemble de sons arrangés dans un certain ordre. Les gens font de la **musique** en jouant d'un instrument ou en chantant.

mystérieux, mystérieuse adj.
Ce qui est **mystérieux** est difficile à comprendre ou à expliquer. *Nous avons entendu un bruit bien mystérieux.*

A B C D E F G H I J K L Ⓜ N O P Q R S T U V W X Y Z

Nn

nageoire n. f.
Une **nageoire** est un petit organe plat situé sur le corps des poissons. Ils se servent de leurs **nageoires** pour nager.

nager v.
[je nage, il nage, nous nageons]
Quand tu **nages**, tu te déplaces dans l'eau au moyen de tes bras et de tes jambes. *Sylvie **nage** dans la piscine.*

naître v.
[je nais, il naît, nous naissons]
Quand un enfant **naît**, il vient au monde, il sort du ventre de sa mère.
Contraire : **mourir**

nappe n. f.
Une **nappe** est un grand morceau de tissu, de plastique ou de papier dont on recouvre une table pour la protéger.

nature n. f.
La **nature** est tout ce qui n'a pas été fait par l'homme. Les plantes et les animaux font partie de la **nature**.

naturel, naturelle adj.
Une chose **naturelle** n'a pas été faite ou modifiée par l'homme ou des machines. *Le bois est un matériau **naturel**.*
Contraire : **artificiel**

navire n. m.
Un **navire** est un grand bateau qui transporte des personnes et des marchandises sur mer.

négligent, négligente adj.
Une personne **négligente** ne fait pas attention à ce qu'elle fait. *L'accident est arrivé à cause d'un conducteur **négligent**.*
Contraire : **attentif**

neiger v.
[il neige]
Quand il **neige**, il tombe de petits cristaux d'eau glacée du ciel.

nerveux, nerveuse adj.
Une personne **nerveuse** est énervée, excitée, elle ne peut garder son calme. *Amélie était **nerveuse** et a sursauté lorsque la porte a claqué.*

nettoyer v.
[je nettoie, il nettoie, nous nettoyons]
Quand tu **nettoies** une chose, tu enlèves la saleté qui est dessus. *Pierre devrait **nettoyer** ses bottes.*
Contraire : **salir**

neuf, neuve adj.
Ce qui est **neuf** vient juste d'être fabriqué ou acheté. *J'ai une bicyclette **neuve**.*
Contraire : **vieux**

neveu n. m.
Le **neveu** de quelqu'un est le fils de sa sœur ou de son frère.

nez n. m.
Le **nez** est la partie du visage qui sert à sentir et à respirer.

niche n. f.
Une **niche** est une petite maison pour les chiens.

nid n. m.
Un **nid** est la maison des oiseaux et de certains autres animaux. Les oiseaux pondent leurs œufs et élèvent leurs oisillons dans leur **nid**.

nièce n. f.
La **nièce** de quelqu'un est la fille de son frère ou de sa sœur.

niveau n. m.
Un **niveau** est une hauteur particulière. *J'accroche les tableaux au **niveau** des yeux.*

nœud n. m.
Tu fais un **nœud** quand tu noues les deux bouts d'une corde. *Fais un **nœud** avec la ficelle pour que le colis soit bien fermé.*

le nœud

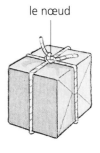

noir n. m.
1. Le **noir** est la couleur noire. *Elle est toujours habillée de **noir**.*
2. Le **noir** signifie aussi la nuit, l'absence de lumière. *Carole a peur du **noir**.*

A B C D E F G H I J K L M **N** O P Q R S T U V W X Y Z

noir, noire adj.

1. La couleur **noire** est une couleur très foncée. *Les lettres sur cette page sont noires.*
● *Voir* **les couleurs** *à la page 28*
2. Quand il fait **noir**, il n'y a que très peu ou pas du tout de lumière.

noix n. f.

Une **noix** est un fruit entouré d'une coquille dure. On mange les **noix**.

nom n. m.

1. Un **nom** est un mot, parfois deux, dont on appelle une personne, un animal ou une chose. *Le nom de mon ami est Martin.*
2. Un **nom de famille** est le nom qu'on porte après le prénom. *Je m'appelle Jean Latour. Latour est mon nom de famille, et Jean est mon prénom.*

nomade adj.

Un peuple **nomade** se déplace constamment, n'a pas d'habitation fixe. *Mener une vie nomade.*

nombre n. m.

Un **nombre** est un ou plusieurs chiffres. C'est un mot ou un signe qui indique combien il y a de choses. Quatre et vingt-trois, 9 et 27 sont tous des **nombres**. Il y a des **nombres** pairs et des **nombres** impairs.

nombril n. m.

Le **nombril** est la cicatrice ronde du cordon ombilical, au milieu du ventre.

non adv.

Quand tu dis **non**, tu refuses, tu n'es pas d'accord. *Est-ce que tu veux un bonbon ? Non merci.*

nord n. m.

Le **nord** est l'un des quatre points cardinaux. Lorsque tu regardes le soleil se lever, le **nord** est à ta gauche. L'aiguille d'une boussole indique toujours le **nord**.

normal, normale adj.

Une chose est **normale** si elle est ordinaire et habituelle. *Ma taille est normale pour mon âge.*

note n. f.

1. Ton professeur te donne une **note** pour indiquer si ton travail est bon ou mauvais.
2. Une **note** est aussi un court message écrit.
3. La **note** est l'addition dans un restaurant ou une facture.
4. Une **note de musique** est un signe qui indique quel son produire avec un instrument ou en chantant. C'est aussi le son produit. Il y a sept **notes de musique** : do, ré, mi, fa, sol, la, si.

nouer v.

[je noue, il noue, nous nouons]
Nouer, c'est attacher les deux bouts d'un lien en faisant un nœud.

nouille n. f.

Les **nouilles** sont des pâtes alimentaires découpées en minces lanières. *Christian mange un grand plat de nouilles.*

nourrir v.

[je nourris, il nourrit, nous nourrissons]
Quand tu **nourris** une personne ou un animal, tu lui donnes à manger pour le faire vivre. *Victoria n'oublie jamais de nourrir son chat.*

nourriture n. f.

La **nourriture** est ce que les êtres vivants mangent pour grandir et rester en vie, se maintenir en bonne santé.

nouveau, nouvelle adj.

1. **Nouveau** signifie qui apparaît pour la première fois. *Une invention nouvelle. Des pommes de terre nouvelles.*
2. **Nouveau** signifie aussi différent, autre. *Nous avons de nouveaux voisins.*

nouvelle n. f.

1. Les **nouvelles** sont tout ce que l'on apprend sur ce qui se passe dans le monde. *Maman écoute toujours les nouvelles du soir.* Autre mot : **informations**
2. Des **nouvelles**, ce sont aussi des renseignements sur ce qui t'arrive à toi ou aux autres. Il y a de bonnes **nouvelles** et de mauvaises **nouvelles**. *J'ai une bonne nouvelle ! Ma petite sœur est née !*

noyau n. m.

Le **noyau** est la partie dure au milieu de certains fruits, comme les prunes et les pêches.

noyer (se) v.

[je me noie, il se noie, nous nous noyons]
Quand on **se noie**, on meurt parce qu'on s'enfonce dans l'eau et qu'on ne peut plus respirer.

nu, nue adj.

Quand tu es **nu**, tu ne portes aucun vêtement.

nuage n. m.

Les **nuages** sont les formes blanches et grises qui flottent dans le ciel. Ils sont composés de petites gouttes d'eau.

nuisible adj.

Ce qui est **nuisible** cause du tort, fait du mal. Un insecte **nuisible** aux récoltes les abîme et peut les détruire.

nuit n. f.

La **nuit** est le moment de la journée où il fait sombre. En général, les gens dorment pendant la **nuit**.

numéroter v.

[je numérote, il numérote, nous numérotons]
Numéroter, c'est marquer d'un numéro. *Les pages sont numérotées de 1 à 100.*

nylon n. m.

Le **nylon** est une matière synthétique (artificielle) avec laquelle on fait des vêtements et des objets.

A B C D E F G H I J K L M **N** O P Q R S T U V W X Y Z

Oo

obéir v.
[j'obéis, il obéit, nous obéissons]
Quand tu **obéis** à quelqu'un, tu fais ce qu'il te dit de faire. *Le chien de Gabriel lui **obéit**.*
Contraire : **désobéir**

objet n. m.
Un **objet** est une chose que l'on peut voir et toucher. Les **objets** ne sont pas vivants. Les ordinateurs, les jouets, les livres et les meubles sont des **objets**.

occasion n. f.
1. Une **occasion** est un moment qui convient, qui arrive sans qu'on s'y attende. *Marlie a eu l'**occasion** d'aller faire du ski trois fois cet hiver.*
2. Un objet **d'occasion** n'est pas neuf. *Papa a acheté une voiture **d'occasion**.*

occupé, occupée adj.
1. Les personnes **occupées** travaillent beaucoup.
2. Ce qui est **occupé** n'est pas libre. *Les toilettes sont **occupées**. La ligne du téléphone est **occupée**.*

océan n. m.
Un **océan** est une vaste étendue d'eau salée. Il y a cinq **océans** sur la Terre.

œil n. m.
L'**œil** est l'organe de la vue.
Attention : **yeux** (au pluriel)

œuf n. m.
Dans un **œuf**, il peut y avoir un oisillon qui sortira de la coquille quand il sera prêt à naître. Nous mangeons souvent des **œufs** de poule. On parle aussi des **œufs** de poissons, d'insectes ou de reptiles.

offrir v.
[j'offre, il offre, nous offrons]
1. Quand tu **offres** un objet à quelqu'un, tu le lui donnes en cadeau. *Nathalie **offre** des chocolats à sa grand-mère.*
2. Quand tu **offres** de faire une chose, tu proposes celle-ci. *Papa m'**a offert** de me conduire à l'école en auto.*

oie n. f.
Une **oie** est un gros oiseau au long cou. Les **oies** nagent et volent.

oignon n. m.
Un **oignon** est un légume rond qui a une odeur et un goût très forts. Les **oignons** poussent sous terre.

oiseau n. m.
Un **oiseau** est un animal qui a deux ailes et un bec. Son corps est couvert de plumes. La plupart des **oiseaux** sont capables de voler.

un oiseau
la gorge
le bec
l'aile
la poitrine
la griffe
la queue

ombre n. f.
1. **À l'ombre**, c'est là où il n'y a pas de soleil. *Carla s'est assise **à l'ombre** pour se rafraîchir.*
2. On fait de l'**ombre** quand on cache le soleil à quelqu'un ou à quelque chose. *Les arbres font de l'**ombre**.*
3. Ton **ombre** te suit quand tu marches face au soleil.

oncle n. m.
1. Ton **oncle** est le frère de ta mère ou de ton père.
2. Le mari de ta tante s'appelle aussi ton **oncle**.

ongle n. m.
L'**ongle** est la partie dure au bout des doigts et des orteils.

opération n. f.
1. En mathématiques, les quatre **opérations** fondamentales sont l'addition, la soustraction, la multiplication et la division.
2. Lorsqu'une personne subit une **opération**, on modifie, on remplace ou on enlève une partie de son corps pour la guérir.

opposé, opposée adj.
1. Si tu es d'un côté de la table et que ta sœur est du côté **opposé**, elle se trouve de l'autre côté.
2. Si tu es **opposé** à une idée, tu es contre.

or n. m.
L'**or** est un métal jaune qui a une grande valeur. *Un anneau d'**or**.*

or conj.
Or veut dire cependant, mais. *Julie avait dit qu'elle viendrait, **or** elle n'est pas encore arrivée.*

orage n. m.
Pendant un **orage**, il pleut, il vente, et il y a du tonnerre et des éclairs.

orange n. f.
Une **orange** est un fruit rond et juteux qui a une écorce épaisse.

orange adj. inv.
La couleur **orange** est un mélange de rouge et de jaune. Les carottes sont **orange**.
● *Voir **les couleurs** à la page 28*

orchestre n. m.
Un **orchestre** est un groupe plus ou moins grand de personnes qui jouent de différents instruments de musique ensemble. *L'orchestre de Paris a donné un concert de musique classique.*

ordinaire adj.
Ce qui est **ordinaire** se rencontre souvent, n'a rien de particulier. *Papa trouve ce vin très ordinaire.* Autres mots : **commun**, **habituel** Contraires : **exceptionnel**, **extraordinaire**

ordinateur n. m.
Un **ordinateur** est un appareil qui garde dans sa « mémoire » des mots, des images et des nombres. Les **ordinateurs** peuvent exécuter très vite certaines opérations. *Jules adore jouer sur son ordinateur.*

un ordinateur

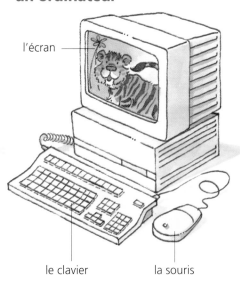

l'écran

le clavier   la souris

ordonner v.
[j'ordonne, il ordonne, nous ordonnons]
Si on t'**ordonne** de faire une chose, on te commande de la faire. *Je t'ordonne de te taire.*

ordre n. m.
1. Tu donnes un **ordre** quand tu dis à quelqu'un ce qu'il doit faire. *Les généraux donnent des ordres aux soldats.*
2. Un **ordre** est une certaine manière de disposer les objets. *Les poupées sont rangées en ordre croissant.*
Contraire : **désordre**

3. **Mettre de l'ordre**, c'est bien ranger les objets à leur place. *Lisa a mis de l'ordre dans sa chambre.*

oreille n. f.
La partie du corps qui permet d'entendre s'appelle l'**oreille**.

oreiller n. m.
Un **oreiller** est une sorte de coussin où on pose sa tête quand on est couché dans un lit.

organe n. m.
Un **organe** est une partie du corps qui exécute un travail particulier. Le cœur et les poumons sont des **organes**.

organiser v.
[j'organise, il organise, nous organisons]
Quand tu **organises** une chose, tu la prépares selon un plan précis. *Maman organise une fête pour mon anniversaire.*

orgue n. m.
L'**orgue** est un instrument de musique à vent qui a des claviers et des tuyaux de différentes grosseurs. Quand on appuie sur les touches, de l'air passe dans les tuyaux, ce qui produit des notes.

orteil n. m.
L'**orteil** est chacune des cinq extrémités du pied. Autre mot : **doigt de pied**

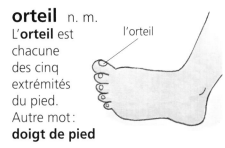

l'orteil

os n. m.
Les **os** sont les parties les plus dures du corps qui constituent le squelette de l'homme et de certains animaux.

oser v.
[j'ose, il ose, nous osons]
Quand tu **oses** faire une chose, tu as le courage de la faire. *Pierre a osé plonger dans l'eau glacée.*

ôter v.
[j'ôte, il ôte, nous ôtons]
Ôter un objet, c'est l'enlever, le retirer de l'endroit où il se trouve.

ou conj.
Ou indique un choix. *On peut aller à la mer en avion ou en train.*

où adv.
Où signifie en quel endroit. *Où vas-tu ?*

A B C D E F G H I J K L M N O P Q R S T U V W X Y Z

oublier v.
[j'oublie, il oublie, nous oublions]
1. Quand tu **oublies** quelque chose, tu ne t'en souviens plus. *Olivier a oublié son rêve.*
Contraires : **se rappeler**, **se souvenir**
2. Quand tu **oublies** un objet, tu négliges de le prendre avec toi. *Jeannot a oublié son papapluie.*

ouest n. m.
L'**ouest** est un point cardinal. *Le soleil se couche à l'ouest.*

ouragan n. m.
Un **ouragan** est une forte tempête accompagnée d'un vent violent. *Il y a souvent des ouragans dans la mer des Antilles.*

ours n. m.
1. Un **ours** est un gros animal sauvage à fourrure épaisse.

2. Un **ours polaire** est un gros ours blanc qui vit près du pôle Nord.

outil n. m.
Un **outil** est un objet fabriqué qu'on utilise pour faire un travail.

la scie

ouvert, ouverte adj.
1. On peut passer à travers ce qui est **ouvert**. *La porte est ouverte.*
2. On peut aller dans ce qui est **ouvert**. *Le magasin sera ouvert toute la journée.*
Contraire : **fermé**

ouvrir v.
[j'ouvre, il ouvre, nous ouvrons]
Quand tu **ouvres** la porte, tu déplaces celle-ci pour pouvoir passer.
Contraire : **fermer**

ovale adj.
Un œuf a une forme **ovale**.
● *Voir les formes à la page 48*

les outils

la clé

le tournevis

la pince

le marteau

P p

page n. f.
Une **page** est une feuille de papier dans un livre, un cahier ou un carnet.

paillasson n. m.
Un **paillasson** est un petit tapis qu'on met devant la porte d'entrée pour s'essuyer les pieds.

paille n. f.
1. La **paille**, ce sont les tiges séchées de certaines plantes, comme l'avoine et le blé. Les animaux de la ferme dorment souvent sur de la **paille**.
2. Une **paille** est un petit tube de papier ou de plastique qu'on utilise pour aspirer un liquide.

pain n. m.
Le **pain** est fait avec de la farine et il est cuit au four.

pair, paire adj.
Un nombre **pair** peut se diviser exactement par deux ; 2, 4, 6 et 8 sont des nombres **pairs**.
Contraire : **impair**

paire n. f.
Une **paire** est la réunion de deux choses identiques ou symétriques qui vont ensemble. *Une paire de chaussettes. Une paire de gants.*

paisible adj.
Un endroit **paisible** est un endroit calme.

palais n. m.
1. Un **palais** est une grande demeure où habitent les rois, les reines ou les personnes très importantes.
2. Le **palais** est la partie interne supérieure de la bouche.

A B C D E F G H I J K L M N O **P** Q R S T U V W X Y Z

pâle adj.
1. Les couleurs **pâles** sont claires et contiennent beaucoup de blanc. *Mélanie a peint sa chambre en bleu* ***pâle***.
2. Quelqu'un qui est **pâle** a le teint clair.
Contraire : **foncé**

pâlir v.
[je pâlis, il pâlit, nous pâlissons]
1. Quand une personne **pâlit**, elle devient pâle.
2. Quand une couleur **pâlit**, elle perd de son éclat. *Ma veste* ***a pâli****; elle était rouge, et maintenant, elle est rose.*

palmier n. m.
Un **palmier** est un grand arbre avec des feuilles très larges tout en haut du tronc. Les **palmiers** poussent dans les pays chauds.

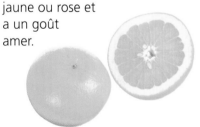

pamplemousse n. m.
Un **pamplemousse** est un gros fruit rond avec une écorce épaisse. Il est jaune ou rose et a un goût amer.

panda n. m.
Un **panda** est un animal noir et blanc qui ressemble à un ours. Les **pandas** sont originaires de Chine.

panier n. m.
On utilise un **panier** pour transporter des objets. Les **paniers** sont souvent faits en osier.

panneau n. m.
Un **panneau** est une plaque qui porte des inscriptions ou qui signale quelque chose. *Sur les routes, les* ***panneaux*** *indicateurs aident les automobilistes à savoir où ils vont.*

pantalon n. m.
Un **pantalon** est une culotte longue qui descend jusqu'aux pieds. *Un* ***pantalon*** *étroit.*

panthère n. f.
Une **panthère** est un grand mammifère de la même famille que le chat, au pelage ras jaune tacheté de noir. Il y a aussi des **panthères** noires.

pantoufle n. f.
Une **pantoufle** est une chaussure souple et confortable qu'on porte à la maison.

paon n. m.
Un **paon** est un gros oiseau avec une grande queue aux plumes très colorées.

papa n. m.
Tu appelles ton père **papa**.

papier n. m.
1. Le **papier** est un matériau qu'on utilise pour écrire, fabriquer des livres et emballer des objets.
2. Le **papier peint** est une sorte de papier que l'on colle sur les murs à l'intérieur de la maison pour décorer. Il peut être uni ou à motifs.

papillon n. m.
Un **papillon** est un insecte avec quatre ailes souvent colorées. Il y a des **papillons** de nuit et des **papillons** de jour.
● *Voir* **les insectes** *à la page 58*

paquet n. m.
1. Un **paquet** est un ensemble de plusieurs choses attachées ou emballées ensemble. *Un* ***paquet*** *de biscuits.*
2. Un **paquet** est aussi un colis.

parachute n. m.
Un **parachute** est un grand morceau de tissu muni de cordes auxquelles on est attaché par un harnais. On utilise un **parachute** pour sauter d'un avion et atterrir en douceur.

parapente n. m.
1. Un **parapente** est un parachute rectangulaire. On se jette du haut d'une falaise en parapente, et non pas d'un avion.
2. Faire du **parapente**, c'est pratiquer le sport avec ce parachute.

parapluie n. m.
On ouvre un **parapluie** au-dessus de sa tête pour se protéger de la pluie. Un **parapluie** est constitué d'un morceau de tissu ou de plastique tendu sur des tiges en bois, en métal ou en plastique.

parce que loc. conj.
On utilise les mots **parce que** pour expliquer quelque chose. *J'avais peur parce qu'il faisait nuit noire.*

pardonner v.
[je pardonne, il pardonne, nous pardonnons]
Quand tu **pardonnes** à un ami, tu cesses de lui en vouloir pour la peine ou le mal qu'il t'a fait.

pareil, pareille adj.
Pareil signifie tout à fait semblable, identique.

parent n. m.
1. Tes **parents** sont ton père et ta mère. Chacun d'eux est un **parent**.
2. Tes **parents** sont aussi les autres membres de ta famille, comme tes oncles et tantes, tes cousins et cousines.

paresseux n. m.
Un **paresseux** est un mammifère qui vit en Amérique du Sud, aux mouvements très lents.

paresseux, paresseuse adj.
Une personne **paresseuse** ne veut pas travailler. *Jacques est trop paresseux pour faire ses devoirs.*

parfait, parfaite adj.
Ce qui est **parfait** est tout à fait bien, correct. *Virginie a répété son morceau de musique jusqu'à ce qu'il soit parfait.*

parfaitement adv.
Parfaitement signifie très bien. *Ce pantalon me va parfaitement.*

parfum n. m.
1. Un **parfum** est une odeur agréable. *Le parfum de la rose.*
2. Un **parfum** est un liquide qui sent bon. On se met du **parfum** sur la peau.

parler v.
[je parle, il parle, nous parlons]
1. Quand tu **parles**, tu dis des mots au moyen de ta voix. *Isabelle parle très fort.*
2. Quand tu **parles** d'une chose à quelqu'un, tu lui dis quelque chose sur ce sujet. *Laura m'a parlé de ses dernières vacances.*

partager v.
[je partage, il partage, nous partageons]
1. **Partager**, c'est diviser en plusieurs parties. *Il a partagé sa fortune entre ses quatre enfants.*
2. Quand tu **partages** une chose avec un ami, tu lui en donnes une partie. *Marie a partagé son croissant avec sa sœur.*
3. Quand plusieurs personnes **partagent** un repas, elles le mangent toutes ensemble.

partenaire n. m. et f.
1. Un **partenaire** est quelqu'un avec qui tu fais un jeu, une activité.
2. Un **partenaire** est également une personne avec qui on danse. *Mon ami est mon partenaire de danse.*

partie n. f.
1. Une **partie** est un élément d'un tout. *J'ai mangé une partie du gâteau.*
2. Une **partie** peut être aussi la durée d'un jeu, à l'issue de laquelle sont désignés gagnants et perdants. *Stéphane a fait une excellente partie de tennis.*

partout adv.
Partout signifie dans tous les endroits. *J'ai cherché mon stylo partout dans la maison.*

pas n. m.
Quand tu fais un **pas**, tu bouges ton pied vers l'avant et le poses par terre.

pas adv.
Pas s'emploie avec ne. *Étienne ne se lève pas tôt le matin.*

passage n. m.
1. Le **passage** est le fait de passer. *Le passage d'un véhicule.*
2. Un **passage** est un endroit par où l'on peut passer. *Je me suis frayé un passage parmi la foule.*

passager n. m., **passagère** n. f.
Un **passager** est quelqu'un qui voyage dans un véhicule qu'il ne conduit pas. *Les passagers de l'avion, du train.*

passé n. m.
Le **passé** est la période de temps qui est déjà finie. *L'histoire se déroule dans le passé, quand il n'y avait ni téléphone ni télévision.*

passer v.
[je passe, il passe, nous passons]
1. Ce qui **passe** avance sans s'arrêter. *Les voitures passent au feu vert.* Contraire : **arrêter**
2. Quand tu **passes** un objet à quelqu'un, tu le lui donnes. *Passe-moi le beurre.*
3. **Se passer**, c'est avoir lieu. *C'est une histoire qui s'est passée il y a très longtemps.*
4. **Se passer** d'une chose, c'est ne pas en avoir. *Jeanne s'est passée de dessert.*
5. Quand tu **passes** un certain temps à faire une chose, tu la fais pendant tout ce temps. *J'ai passé une demi-heure à jouer du piano.*

passe-temps n. m.
Un **passe-temps** est quelque chose que tu aimes faire dans ton temps libre. *Le passe-temps de Jean-Charles est de collectionner des badges.*

patauger v.
[je patauge, il patauge, nous pataugeons]
Quand tu **patauges**, tu marches sur un sol mouillé, dans une eau boueuse. *Lucie et Paul sont allés* ***patauger*** *dans l'eau.*
Autre mot : **barboter**

pâté n. m.
1. Un **pâté** est composé de viande, de poisson ou de légumes parfois enveloppés dans une pâte. *Les* ***pâtés*** *sont cuits au four.*
2. Un **pâté de maisons** est un ensemble de maisons qui forme un bloc.
3. Un **pâté** est aussi une grosse tache d'encre. *Le devoir de Marion est plein de* ***pâtés***.

patient n. m., patiente n. f.
Un **patient** est une personne qui est malade ou blessée, et qui se fait soigner par un médecin ou une infirmière.

patient, patiente adj.
Quelqu'un de **patient** sait attendre longtemps sans se fâcher.
Contraire : **impatient**

patin n. m.
1. Les **patins à glace** sont des chaussures particulières qu'on porte pour glisser sur la glace. Ils ont une longue lame de métal fixée sur le dessous.

2. Les **patins à roulettes** sont des chaussures munies de roulettes qui permettent d'avancer rapidement.
Autre mot : **roller**

patiner v.
[je patine, il patine, nous patinons]
Quand tu **patines**, tu te déplaces sur la glace au moyen de patins.

patinoire n. f.
Une **patinoire** est un endroit où on peut faire du patin à glace.

pâtisserie n. f.
1. Une **pâtisserie** est un mets à base de farine, de sucre et de beurre.

2. Une **pâtisserie** est aussi un endroit où on fait et vend des gâteaux.

patte n. f.
Les **pattes** sont les jambes des animaux. *Les chats ont quatre* ***pattes***.

paume n. f.
La **paume** est la partie plate à l'intérieur de la main. *Il y a des lignes sur la* ***paume*** *de ma main.*

pause n. f.
Quand tu fais une **pause**, tu interromps une activité pour te reposer un peu.

pauvre adj.
Les personnes **pauvres** n'ont pas beaucoup d'argent.
Contraire : **riche**

payer v.
[je paie ou je paye, tu paies ou tu payes, il paie ou il paye, nous payons, vous payez, ils paient ou ils payent]
1. Quand tu **paies** quelqu'un, tu lui donnes l'argent que tu lui dois.
2. Quand tu **paies** une chose, tu donnes de l'argent en échange de celle-ci.

pays n. m.
Un **pays** est une partie du monde entourée de frontières, qui a sa propre population et ses propres lois. *La France et le Canada sont des* ***pays***.

peau n. f.
Ton corps et celui des animaux sont recouverts de **peau**. *Les bébés ont la* ***peau*** *très douce.*

pédale n. f.
Une **pédale** est une partie de la bicyclette. Il faut appuyer sur les **pédales** avec les pieds pour faire avancer la bicyclette.

peigne n. m.
Un **peigne** est un instrument en plastique ou en métal avec des dents très minces. On utilise un **peigne** pour se coiffer.

peindre v.
[je peins, il peint, nous peignons]
1. Quand tu **peins** un mur, tu le couvres de peinture.
2. Quand un peintre **peint** un paysage, il le représente sur une toile avec ses pinceaux et de la peinture.

A B C D E F G H I J K L M N O P Q R S T U V W X Y Z

peine n. f.
1. Si tu as fait de la **peine** à quelqu'un, tu as fait quelque chose qui l'a rendu triste.
2. Si une chose te donne beaucoup de **peine**, c'est que tu as de la difficulté à la faire. *Ce travail de recherche m'a donné beaucoup de* **peine***.*

peinture n. f.
1. La **peinture** est un liquide dont on se sert pour mettre de la couleur sur des objets.

2. Une **peinture** est une image réalisée avec de la peinture. On met une **peinture** dans un cadre et on l'accroche au mur.

pelle n. f.
Une **pelle** est un outil qui sert à creuser. Une **pelle** a un long manche avec une plaque de métal au bout.

pellicule n. f.
1. Une **pellicule** est un rouleau de plastique particulier qu'on met dans un appareil photo pour prendre des photos.
2. Les **pellicules** sont de petites écailles qui se détachent du cuir chevelu.

pelouse n. f.
Une **pelouse** est un terrain couvert d'une herbe courte et serrée. Les parcs et les jardins ont des **pelouses**.

peluche n. f.
Une **peluche** est un jouet doux recouvert de fourrure. *Frédéric dort toujours avec son ours en* **peluche***.*

pelure n. f.
La **pelure** est la peau d'un fruit ou d'un légume qu'on a pelé. *La* **pelure** *de l'orange est amère.*

pencher v.
[je penche, il penche, nous penchons]
Ce qui **penche** est incliné d'un côté. *La tour de Pise* **penche** *depuis des siècles sans tomber.*

pendant prép.
Pendant signifie en même temps que, au cours de. ***Pendant** mes vacances, c'est Raphaël qui s'occupe de mon chat.*

penderie n. f.
Une **penderie** est une armoire dans laquelle on peut mettre ses vêtements. *Édouard a suspendu sa veste dans la* **penderie***.*

pénible adj.
1. Ce qui est **pénible** est fatigant. *Le voyage a été* **pénible***, car il faisait très chaud dans la voiture.*
Contraire : **agréable**
2. Ce qui est **pénible** fait de la peine. *L'annonce de son départ est une* **pénible** *nouvelle.*
Contraire : **joyeux**

pensée n. f.
1. Une **pensée** est une idée. *La pluie me donne des* **pensées** *tristes.*
2. Une **pensée** est aussi une fleur. *L'allée du jardin est bordée de* **pensées** *de toutes les couleurs.*

penser v.
[je pense, il pense, nous pensons]
1. Quand tu **penses**, tu fais fonctionner ton cerveau. ***Penses**-y bien avant de répondre !*
Autre mot : **réfléchir**
2. Quand tu **penses** une chose, tu crois qu'elle est vraie. *Robert* **pense** *que les filles sont gentilles.*

pente n. f.
Une **pente** est un terrain qui monte ou qui descend, comme les flancs d'une montagne.

percer v.
[je perce, il perce, nous perçons]
1. **Percer**, c'est faire un trou. *Je* **perce** *la planche.*
2. **Percer**, c'est faire une ouverture, dans un mur, par exemple.

perceuse n. f.
Une **perceuse** est un outil qui sert à faire des trous dans des objets durs.

percher (se) v.
[je me perche, il se perche, nous nous perchons]
Un oiseau qui **se perche** se pose sur un endroit élevé. *L'oiseau* **s'est perché** *sur la branche.*

perdre v.
[je perds, il perd, nous perdons]
1. Si tu **perds** un objet, tu ne le trouves plus. *Justine* **a perdu** *sa montre.*
Contraire : **retrouver**
2. Si tu **perds** à un jeu, c'est que tu ne gagnes pas. *Samuel* **a perdu** *aux échecs.*
Contraire : **gagner**

père n. m.
Un **père** est un homme qui a au moins un enfant.

période n. f.
Une **période** est un certain temps, une durée. *L'école est fermée pendant la **période** des vacances.*

perle n. f.
1. Une **perle** est une petite boule dure et brillante fabriquée par une huître. *Maman a un collier de **perles**.*
2. Les **perles** sont aussi de petits objets avec un trou au milieu. On les enfile pour en faire des colliers. *Je me fais un collier avec des **perles** de verre multicolores.*

permettre v.
[je permets, il permet, nous permettons]
1. Si on te **permet** de faire une chose, on te donne le droit de la faire. *Maman m'**a permis** de traverser la rue tout seul.*
Contraires : **défendre**, **interdire**
2. Quand on **se permet** une chose, on se donne la permission de la faire. *Je **me suis permis** une sortie au cinéma.*

permission n. f.
Si tu as la **permission** de faire une chose, c'est que tu as le droit de la faire. *Liane a eu la **permission** de quitter l'école avant l'heure.*

perplexe adj.
Quand tu es **perplexe**, tu ne sais plus quoi penser. *Le message de Simon a laissé Lise **perplexe**.*
Contraire : **décidé**

perroquet n. m.
Un **perroquet** est un oiseau très coloré à gros bec recourbé. Certains **perroquets** parlent.

perruque n. f.
Une **perruque** est une sorte de coiffure qui imite la chevelure.

personnage n. m.
Un **personnage** est une personne dans un livre, un film ou une pièce de théâtre.

personne n. f.
1. Une **personne** est un homme, une femme ou un enfant.
2. On dit qu'il n'y a **personne** quand, dans un endroit, il n'y a pas un être humain. *Le dimanche, il n'y a **personne** à l'école.*

peser v.
[je pèse, il pèse, nous pesons]
Quand tu **pèses** une chose, tu mesures son poids. *Karine **pèse** du sucre sur la balance.*

pétale n. m.
Les **pétales** sont les parties blanches ou colorées d'une fleur. *Cette fleur a de beaux **pétales** violets.*

pétillant, pétillante adj.
Une boisson **pétillante** contient beaucoup de bulles.

petit, petite adj.
1. Ce qui est **petit** ne prend pas beaucoup de place, a des dimensions ou une taille inférieure à la moyenne. *Une **petite** somme. Une **petite** maison. De **petites** mains.*
Autres mots : **court**, **exigu**, **menu**, **minuscule**
Contraires : **grand**, **gros**, **important**
2. **Petit** signifie aussi jeune. *Une **petite** fille. Mon **petit** frère.*

peu adv.
Peu signifie pas beaucoup. *Ne mange pas mes bonbons, il m'en reste très **peu**.*
Contraire : **beaucoup**

peur n. f.
La **peur** est le sentiment que l'on ressent devant un danger réel ou imaginaire. *Jeanne tremblait de **peur** en entrant dans la grotte.*

peut-être adv.
On dit **peut-être** quand une chose est possible, mais pas certaine. *On se verra **peut-être** vendredi.*

phare n. m.
Un **phare** est une haute tour munie d'une grosse lumière au sommet. Les **phares** avertissent les navires du danger.

phoque n. m.
Un **phoque** est un animal à fourrure douce qui vit dans la mer et sur la terre. Les **phoques** mangent du poisson et sont de très bons nageurs.

photo n. f.
Une **photo** est une image que l'on prend avec un appareil photo.

photographie n. f.
La **photographie** est une technique permettant d'obtenir l'image durable d'un objet.

phrase n. f.
Une **phrase** est un groupe de mots qui a un sens. Une **phrase** commence par une lettre majuscule et finit par un point.

piano n. m.
Un **piano** est un grand instrument de musique à clavier comportant une rangée de touches noires et blanches. On appuie sur les touches avec les doigts pour produire des sons.

pichet n. m.
On met un liquide dans un **pichet**. On peut aussi le verser avec un **pichet**.

pièce n. f.
1. Une **pièce** est une partie séparée dans une maison. Les **pièces** ont souvent quatre murs et une porte. La chambre est une **pièce**.
2. Une **pièce de monnaie** est un morceau de métal plat et rond qui sert à payer.
3. Une **pièce de musique** est un morceau de musique. Une **pièce de théâtre** est une histoire jouée dans un théâtre.
4. Une **pièce** est un élément d'un mécanisme. *Papa a démonté le réveil et toutes les pièces sont sur la table.*
5. On coud une **pièce** sur un vêtement pour couvrir un trou. *Léonie a une pièce sur son jeans.*

pied n. m.
1. Le **pied** est la partie du corps située au bout de la jambe. Quand tu es debout, tu es sur tes **pieds**.

le pied

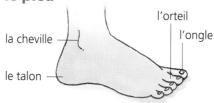

la cheville — le talon — l'orteil — l'ongle

2. Le **pied** est la partie d'un objet qui touche le sol. *La table a quatre pieds.*

pierre n. f.
La **pierre** est une matière dure que l'on trouve sur la Terre, souvent dans le sol. On s'en sert pour construire des bâtiments.
Autre mot : **roche**

piétiner v.
[je piétine, il piétine, nous piétinons]
Quand tu **piétines** une chose, tu marches dessus en la frappant avec les pieds. *Ne piétine pas la pelouse du voisin.*

pieuvre n. f.
Une **pieuvre** est un animal marin qui a un corps mou et huit longs tentacules.

pigeon n. m.
Un **pigeon** est un oiseau gris à petite tête et aux ailes courtes.

pile n. f.
1. Une **pile** est un tas d'objets mis les uns sur les autres. *Il a apporté la pile d'assiettes.*
2. Une **pile** est aussi un tube ou une boîte qui produit de l'électricité. On met des **piles** dans une lampe de poche, un jouet ou une radio pour les faire fonctionner. *Lorsque nous avons branché l'ampoule sur la pile, la lumière s'est allumée.*

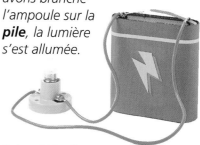

3. Le côté **pile** d'une pièce de monnaie est celui où il y a les chiffres.
Contraire : **face**

pilote n. m.
Un **pilote** est quelqu'un qui conduit un avion. *Le pilote a survolé les bois et les champs à bord de son avion.*

pilule n. f.
Une **pilule** est un médicament présenté en petite boule. *On avale des pilules quand on est malade afin de se guérir.*

pince n. f.
1. Une **pince** est un outil qui sert à saisir les objets et à les serrer. *Papa a resserré le guidon de ma bicyclette avec une pince.*
● *Voir **les outils** à la page 78*
2. Tu accroches le linge sur une corde avec des **pinces à linge**. Elles sont en bois ou en plastique.

pincer v.
[je pince, il pince, nous pinçons]
1. Quand tu **pinces** quelqu'un, tu serres sa peau très fort entre tes doigts.
2. Quand tu **pinces** la corde d'une guitare, tu la serres entre tes doigts pour produire un son.

pique-nique n. m.
Un **pique-nique** est un repas qu'on mange en plein air.

piquer v.
[je pique, il pique, nous piquons]
1. Le moustique femelle **pique** ta peau pour se nourrir de ton sang.
2. **Se piquer**. Quand tu **te piques**, tu te transperces la peau avec un petit objet pointu. *Coralie s'est piqué le doigt en touchant le cactus.*
3. Quelque chose qui **pique** provoque une sensation de brûlure. *La fumée pique les yeux.*

pirate n. m.
Un **pirate** était quelqu'un qui attaquait les bateaux et qui volait tout ce qu'il y trouvait.

pire n. m.
Le **pire** signifie ce qu'il y a de plus mauvais. *Je m'attends au pire.*

pire adj.
Pire signifie plus mauvais. *Ton écriture est pire que la mienne.*
Contraire : **meilleur**

piscine n. f.
Une **piscine** est un bassin rempli d'eau où les gens peuvent nager. *Que c'est rafraîchissant de plonger dans une piscine l'été quand il fait très chaud !*

piste n. f.
1. Une **piste**, c'est la trace du passage de quelqu'un ou de quelque chose. *Je suis sur la piste d'un ours.*
2. Une **piste d'atterrissage** est une route où un avion peut se poser.

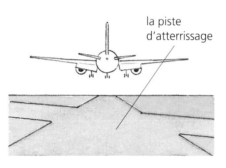
la piste d'atterrissage

pistolet n. m.
Un **pistolet** est une petite arme à feu qui se tient d'une seule main.

pizza n. f.
Une **pizza** est une préparation de pâte à pain garnie de tomates et de fromage. On peut aussi y mettre des légumes, de la viande ou du poisson. Les **pizzas** sont généralement rondes et on les fait cuire au four.

placard n. m.
Un **placard** est un meuble fixé au mur où l'on peut ranger des objets ou des vêtements. *Un placard de cuisine.*

place n. f.
1. Une **place** est un lieu public entouré de maisons, d'où partent plusieurs rues. *La place centrale du village.*
2. Une **place** est aussi l'endroit où une chose ou une personne doit être. *Range tes jouets, chacun à sa place.*
3. Avoir de la **place**, c'est avoir de l'espace. *Il n'y a pas de place pour garer l'auto.*
4. Une **place** est également un siège dans une salle de spectacle ou un véhicule. *Une voiture à quatre places.*

plafond n. m.
Le **plafond** est la partie de la pièce située au-dessus de ta tête. *Les lampes sont suspendues au plafond.*

plage n. f.
Une **plage** est un morceau de terrain plat au bord de la mer. Elle est couverte de sable ou de galets.

plaisir n. m.
1. Lorsque tu as du **plaisir**, tu t'amuses et tu es de bonne humeur.
2. **Faire plaisir**. Si tu **fais plaisir** à quelqu'un, tu fais une chose qui le rend heureux. *Franck a fait plaisir à sa maman, car il a très bien rangé sa chambre.*

plan n. m.
Un **plan** est un dessin représentant une construction ou un endroit. *Corinne a dessiné le plan de sa chambre.*

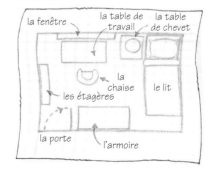
la fenêtre   la table de travail   la table de chevet   la chaise   le lit   les étagères   la porte   l'armoire

A B C D E F G H I J K L M N O **P** Q R S T U V W X Y Z

planche   n. f.
1. Une **planche** est une longue pièce de bois plate.
2. Une **planche à roulettes** est une petite planche étroite garnie de roues. On avance sur la **planche à roulettes** en se tenant en équilibre dessus.

plancher   n. m.
Le **plancher** est la partie d'une pièce sur laquelle on marche.
Autre mot : **sol**

planète   n. f.
Une **planète** est un énorme objet rond qui tourne autour du Soleil. La Terre est une **planète**.

plante   n. f.
Une **plante** est un végétal qui pousse dans la terre ou dans l'eau. Les arbres, les fleurs et les algues sont des **plantes**.

plaque   n. f.
Une **plaque** est un objet de matière rigide, plat et peu épais.

plastique   n. m.
Le **plastique** est un matériau léger qui ne casse pas facilement. On utilise le **plastique** pour faire des bouteilles, des seaux et beaucoup d'autres choses.

plat   n. m.
Un **plat** est une pièce de vaisselle dans laquelle on sert les aliments à table. Un *plat* à gratin.

plat, plate   adj.
Ce qui est **plat** n'a pas de creux ni de bosses. *Ma maison a un toit* **plat**. *Ce champ est* **plat**.

plateau   n. m.
Un **plateau** est un support plat de bois, de métal ou de plastique dont on se sert pour transporter des boissons ou de la nourriture.

plâtre   n. m.
1. Le **plâtre** est une poudre blanche qu'on mélange avec de l'eau pour obtenir une substance assez dure. *Le* **plâtre** *du mur s'effrite*.
2. Un **plâtre** est une sorte de bandage dur dont on enveloppe un membre cassé jusqu'à ce qu'il soit guéri.

plein, pleine   adj.
Ce qui est **plein** est complètement rempli. *Le bocal est* **plein** *de biscuits*.
Contraire : **vide**

pleurer   v.
[je pleure, il pleure, nous pleurons]
Quand tu **pleures**, tu as des larmes dans les yeux. On **pleure** quand on a de la peine ou qu'on s'est fait mal.
Contraire : **rire**

plier   v.
[je plie, il plie, nous plions]
1. Quand on **plie** une chose, on courbe sa forme, et elle n'est plus droite. *J'***ai plié** *cette branche*.
2. Quand tu **plies** une feuille ou un tissu, tu le mets en double, une ou plusieurs fois. *Sandrine* **plie** *la feuille de papier*.
Contraire : **déplier**

plonger   v.
[je plonge, il plonge, nous plongeons]
Quand tu **plonges**, tu sautes dans l'eau la tête la première et les bras tendus vers l'avant.

pluie   n. f.
La **pluie**, ce sont les gouttes d'eau qui tombent des nuages.

plume   n. f.
1. Le corps d'un oiseau est recouvert de **plumes**, qui lui tiennent chaud. *Les* **plumes** *sont douces et très légères*.
2. Un **stylo à plume** est une sorte de stylo.

les planètes

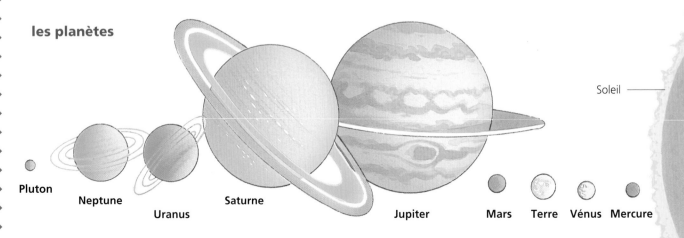

Pluton   Neptune   Uranus   Saturne   Jupiter   Mars   Terre   Vénus   Mercure   Soleil

plus adv.
1. Plus signifie en plus grand nombre ou en plus grande quantité. *Sébastien a mangé plus que moi.*
2. Le plus signifie plus que tous les autres. *Sébastien a mangé plus que moi, mais c'est papa qui a mangé le plus.*
3. Plus indique aussi une addition. Le signe plus est +. *Deux plus trois font cinq.*
Contraire : **moins**

plusieurs adj.
Plusieurs signifie un certain nombre. *David a plusieurs paires de chaussettes.*

plutôt adv.
1. Plutôt signifie de préférence. *Je préfère aller au cinéma plutôt qu'à la piscine.*
2. Plutôt signifie également assez. *Henriette est plutôt grassouillette.*

pneu n. m.
Un **pneu** est un cercle de caoutchouc épais qui entoure une roue. Les **pneus** sont en général remplis d'air.

poche n. f.
Une **poche** est un petit sac cousu sur un vêtement. On peut mettre des objets dans ses **poches**.

poème n. m.
Un **poème** est un texte écrit en vers, c'est-à-dire en lignes courtes qui se terminent par les mêmes sons.

poids n. m.
1. Ton poids. *Tu pèses combien ? Connais-tu ton poids ?*
2. Un poids lourd est un gros camion.

poignée n. f.
On utilise une **poignée** pour tenir un objet ou pour le faire bouger. *La poignée de ma valise est cassée. Sophie a tourné lentement la poignée de la porte.*

poignet n. m.
1. Le **poignet** est la partie qui relie la main et le bras. On tourne sa main grâce au **poignet**.
2. Le **poignet** est aussi la partie de la manche d'une chemise qui entoure le poignet. Il y a souvent des boutons sur les **poignets** de chemise.

poing n. m.
1. Ton **poing**, c'est ta main quand elle est fermée.
2. Coup de poing. Quand tu donnes un **coup de poing** à quelqu'un, tu le frappes avec le poing.

point n. m.
1. Un **point** est un signe rond que l'on met à la fin de la phrase pour indiquer qu'elle est finie. Après un **point**, il faut mettre une majuscule.
2. Un **point** est ce que tu obtiens quand tu remportes un jeu ou que tu fais une compétition. *Notre équipe a marqué cinq points.*
3. Un **point** est une boucle de fil dans un morceau de tissu. On utilise une aiguille pour faire des **points**. *Quand on coud on fait des points.*

pointe n. f.
La **pointe** est le bout pointu d'un objet. *La pointe du stylo.*

pointure n. f.
Ta **pointure** est la taille des chaussures que tu portes.

poire n. f.
Une **poire** est un fruit juteux. Les **poires** sont arrondies à la base et plus étroites vers le haut.

poireau n. m.
Un **poireau** est un long légume blanc avec des feuilles vertes.

un poème

Le dragon vorace

« Chevalier, dit le dragon,
Vous êtes bon à manger tout rond !
En tartine avec de la marmelade
Ou en rôti avec de la salade. »

Le chevalier effrayé se met à crier :
« Non, non, vous le regretteriez,
Car mon armure
Sous vos dents serait trop dure.
Des œufs sur le plat
Vous feraient un meilleur repas. »

A B C D E F G H I J K L M N O **P** Q R S T U V W X Y Z

pois n. m.
1. Un **pois** est un petit légume rond qu'on trouve dans des cosses. Le **petit pois** est la graine verte du pois cultivé.
2. Un **pois** est aussi un motif rond. *Giselle porte une robe bleue à* **pois** *blancs.*

poison n. m.
Un **poison** est une substance qui, mangée ou bue, peut rendre très malade, et même tuer. *Certains champignons contiennent du* **poison**.

poisson n. m.
1. Le **poisson** est un animal qui vit dans l'eau. Les **poissons** respirent sous l'eau grâce à leurs branchies.

un poisson

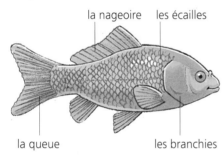

la nageoire   les écailles

la queue   les branchies

2. Un **poisson rouge** est un petit poisson de couleur orangée. Certaines personnes ont un **poisson rouge** comme animal domestique.

poitrine n. f.
La **poitrine** est la partie du corps située sur le devant, entre le cou et le ventre.

poivre n. m.
On met du **poivre** dans les aliments pour leur donner plus de saveur. Le **poivre** est piquant.

poli, polie adj.
Une personne **polie** a de bonnes manières et se comporte comme il faut.
Contraires : **grossier**, **impoli**

policier n. m.
Un **policier** protège les gens et s'assure que les lois sont respectées.

polir v.
[je polis, il polit, nous polissons]
Quand tu **polis** un objet, tu en frottes la surface pour qu'il devienne brillant. ***Polir*** *l'argenterie.*

pollution n. f.
La **pollution**, c'est ce qui nuit à l'environnement. *Les vapeurs d'essence et les déchets industriels sont une source de* **pollution**.

pomme n. f.
La **pomme** est un fruit rond qui a des pépins et une peau verte, rouge ou jaune.

pomme de terre n. f.
La **pomme de terre** est un légume rond qui pousse sous terre.
Autre mot : **patate**

pompe n. f.
On utilise une **pompe** pour pousser de l'air ou du liquide dans quelque chose. *Une* **pompe** *à vélo.*

pompier n. m.
Un **pompier** est une personne dont le travail consiste à éteindre les incendies.

pondre v.
[il pond, ils pondent]
Quand un oiseau **pond**, il fait un œuf.

poney n. m.
Un **poney** est un cheval adulte de petite taille. *Paul fait du* **poney**.

pont n. m.
1. Un **pont** est une construction permettant de passer par-dessus un cours d'eau, une route ou une voie ferrée.

2. Le **pont** est aussi le plancher d'un bateau ou d'un navire.

populaire adj.
Ce qui est **populaire** est aimé de beaucoup de gens. *Josée est une fille* **populaire**, *elle a une foule d'amis. Ce groupe est* **populaire**, *beaucoup de jeunes écoutent sa musique.*

porc n. m.
Le **porc** est la viande de cochon.

port n. m.
Un **port** est un endroit abrité où restent les bateaux lorsqu'ils ne naviguent pas.

porte n. f.
On passe par une **porte** pour entrer dans une maison ou dans une pièce, et en sortir.

portée n. f.
Une **portée** est un groupe d'animaux nés en même temps de la même mère. *Une* **portée** *de chiots.*

porte-monnaie   n. m.
Un **porte-monnaie** est un petit sac dans lequel on met sa monnaie. *Un voleur m'a pris mon porte-monnaie.*

porter   v.
[je porte, il porte, nous portons]
1. Porter, c'est tenir un objet qui pèse. *Ma valise est trop lourde, je ne peux pas la porter.*
2. Tu **portes** un vêtement avec lequel tu t'es habillé. *Mireille porte un manteau vert.*
3. Porter un objet, c'est le prendre et le déposer ailleurs. *Va lui porter ce paquet.*

position   n. f.
1. Une **position** est l'endroit où une chose est posée, située. *Le bateau en détresse nous a signalé sa position par radio.*
2. La **position** est la manière dont on se tient, quand on est assis ou debout. Quand on est mal assis, on est dans une mauvaise **position**, ce qui peut entraîner des problèmes de dos.

posséder   v.
[je possède, il possède, nous possédons]
Ce que tu **possèdes** t'appartient, tu en es le propriétaire. *Richard possède deux poissons rouges et trois souris blanches.*

possession   n. f.
1. Une **possession** est quelque chose dont on est le propriétaire.
2. Être en **possession** de quelque chose, c'est l'avoir. *Le pirate était en possession du trésor jusqu'à ce que le chevalier le lui reprenne et le redonne au propriétaire.*

possible   adj.
1. Ce qui est **possible** peut être fait. *Il est possible de se rendre sur l'île en bateau.*
Contraire : **impossible**
2. Une chose est **possible** si on n'est pas sûr qu'elle va arriver, si elle peut se réaliser. *Il est possible qu'il pleuve demain.*

poste   n. m.
Un **poste** de police est un bâtiment utilisé par la police.

poste   n. f.
1. La **poste** s'occupe de remettre les lettres et les colis à la personne à qui tu les envoies.
2. La **poste** est l'endroit où tu peux acheter des timbres et déposer les lettres et les colis que tu envoies.
Autre mot : **bureau de poste**
3. Mettre une lettre **à la poste**, c'est la déposer dans une boîte aux lettres pour l'envoyer à quelqu'un.

pot   n. m.
1. Un **pot** est un récipient dans lequel on met liquides et aliments. *On achète le miel dans des pots.*
2. Un **pot de fleurs** est un récipient dans lequel on fait pousser des plantes.

potage   n. m.
Un **potage** est un bouillon dans lequel il y a des légumes ou de la viande.
Autre mot : **soupe**

poteau   n. m.
Un **poteau** est un long morceau de bois, de métal ou de béton planté dans la terre. *La route est bordée de poteaux électriques.*

poterie   n. f.
Une **poterie** est un objet en terre cuite, comme une tasse ou un bol.

pou   n. m.
Le **pou** est un tout petit insecte qui vit généralement dans les cheveux.

poubelle   n. f.
Une **poubelle** est un grand récipient avec un couvercle dans lequel on met les ordures ménagères.

pouce   n. m.
Le **pouce** est le plus gros et le plus court des cinq doigts de la main. *Cet enfant suce son pouce.*

poudre   n. f.
Une **poudre** est une substance broyée en grains minuscules. La farine est de la **poudre** de blé.

poulailler   n. m.
Un **poulailler** est une cage ou un abri dans lequel on élève des poules.

poulain   n. m.
Le **poulain** est le petit du cheval.

poule   n. f.
Une **poule** est un oiseau qu'on élève dans une ferme. Elle pond des œufs.

poulet   n. m.
1. Un **poulet** est une jeune poule ou un jeune coq.
2. Le **poulet** est aussi de la viande de poulet. *Albert mange du poulet.*

poumon   n. m.
Les **poumons** se trouvent dans la poitrine. Quand tu respires, l'air entre et sort de tes **poumons**.

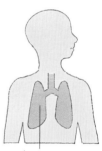

le poumon

poupée   n. f.
Une **poupée** est un jouet qui ressemble à une personne.

pourquoi   adv.
Pourquoi signifie pour quelle raison. *Pourquoi le ciel est-il bleu ?*

poursuivre   v.
[je poursuis, il poursuit, nous poursuivons]
Quand tu **poursuis** une personne, tu cours derrière elle pour l'attraper. *Alexis poursuit Félicia.*

pousser v.
[je pousse, il pousse, nous poussons]
1. Quand tu **pousses** un objet, tu le fais se déplacer en s'éloignant de toi, souvent en exerçant une force. *Daniel **pousse** la porte pour la fermer.* ***Pousser** une voiture en panne d'essence.* Contraire : **tirer**
2. Une plante qui **pousse** grandit.

poussière n. f.
La **poussière** est une poudre composée de minuscules morceaux desséchés de saleté. *Les meubles étaient couverts de **poussière**.*

poussin n. m.
Le **poussin** est le petit de la poule.

pouvoir v.
[je peux, il peut, nous pouvons]
1. Si tu **peux** faire une chose, tu en es capable. *Je ne **peux** pas porter ça tout seul.*
2. Si tu **peux** faire une chose, tu as la permission de la faire. *Suzie **peut**-elle venir jouer avec moi ?*
3. Ce qui **peut** arriver va peut-être se produire. *Il **peut** pleuvoir toute la journée.*

pouvoir n. m.
Une personne qui a le **pouvoir** contrôle les choses et les gens. *Le Premier ministre est celui qui a le **pouvoir**. Les fées ont des **pouvoirs** magiques.*

pré n. m.
Un **pré** est un champ couvert d'herbe.

précieux, précieuse adj.
1. Ce qui est **précieux** vaut beaucoup d'argent. *La princesse Aurore a un coffret rempli de bijoux **précieux**.*
2. Une chose t'est **précieuse** si elle est importante pour toi. *Ton amitié m'est **précieuse**.*

préféré, préférée adj.
Ton jeu **préféré** est celui que tu aimes le plus.
Autre mot : **favori**

préférer v.
[je préfère, il préfère, nous préférons]
Si tu **préfères** une chose à une autre, c'est que tu l'aimes davantage. *Je **préfère** les pommes aux oranges.*

premier, première adj.
1. Qui se présente avant les autres dans un ordre. *Prenez la **première** rue à droite. Marie est arrivée la **première** à l'épreuve de course à pied.*
2. Le **Premier ministre** est la personne qui a été élue à la tête d'un pays ou choisie par le président.

prendre v.
[je prends, il prend, nous prenons]
1. Prendre, c'est mettre dans sa main, emporter. *Julie **prend** un livre sur le rayon.*
2. Se prendre pour, c'est se croire. *Elle **se prend pour** une star !*
3. Prendre pour, c'est confondre. *Dans l'obscurité, Giselle **a pris** Martin **pour** Éric.*
4. Si une chose **prend**, elle épaissit ou durcit. *La mayonnaise **prend**.*
5. Prendre feu, c'est commencer à brûler.

prénom n. m.
Ton **prénom** est ton premier nom, celui que tes amis utilisent pour t'appeler. *Richard, Julie, Robert et Annie sont des **prénoms**.*

préparer v.
[je prépare, il prépare, nous préparons]
1. Quand tu **prépares** quelque chose, tu décides de la manière dont tu vas le faire. *Nous **avons** bien **préparé** notre voyage.*
2. Quand tu **prépares** une chose, tu fais tout ce qu'il faut pour qu'elle soit prête à être utilisée. *Guy a **préparé** les sandwichs.*
3. Se préparer. Quand tu **te prépares**, tu fais tout ce qu'il faut pour être prêt. *Lydia **se préparait** pour les vacances.*

près adv.
Près signifie à côté, pas loin. *J'habite **près** de la rivière.*
Contraires : **éloigné**, **loin**

présent n. m.
1. Le **présent**, c'est maintenant, en ce moment. *Cette histoire se déroule dans le **présent**.*
2. Un **présent** est un cadeau.

présent, présente adj.
Si quelqu'un est **présent**, il est là.
Contraire : **absent**

président n. m.,
présidente n. f.
Un **président** est une personne qui est à la tête d'une entreprise, ou élue à la tête d'un pays.

presque adv.
Presque signifie pas tout à fait. *Il est **presque** midi. Le repas est **presque** prêt.*

presser v.
[je presse, il presse, nous pressons]
1. Presser signifie serrer pour extraire un liquide. ***Presser** une orange.*
2. Presser sur un bouton, c'est appuyer dessus.
3. Se presser signifie se dépêcher.

prestidigitateur n. m.
Un **prestidigitateur** est une personne qui fait des tours surprenants avec des objets. *Damien avait invité un **prestidigitateur** à sa fête.*

prêt, prête adj.
Si tu es **prêt**, tu peux faire quelque chose tout de suite. *Je suis **prête** à partir.*

prêter v.
[je prête, il prête, nous prêtons]
Quand tu **prêtes** un objet à un ami, tu le lui laisses pour quelque temps. *J'**ai prêté** mon parapluie à Zoé.*
Contraire : **emprunter**

prince n. m.
Un **prince** est le fils d'un roi ou d'une reine.

princesse n. f.
1. Une **princesse** est la fille d'un roi ou d'une reine.
2. L'épouse d'un prince s'appelle aussi une **princesse**.

principal, principale adj.
La chose **principale** est la plus importante. *L'entrée **principale** de la maison est celle de devant. Le repas **principal** de la journée est celui de midi.*

printemps n. m.
Le **printemps** est une des quatre saisons de l'année. Il vient après l'hiver et avant l'été. Au **printemps**, les plantes se mettent à pousser et la température s'adoucit.

prison n. f.
Une **prison** est un endroit où on enferme les gens qui sont punis pour n'avoir pas obéi à la loi.

privé, privée adj.
1. Tu es **privé** d'une chose si on te l'enlève. *Tu es **privé** de dessert !*
2. Ce qui est **privé** n'est pas public. *Un terrain **privé**. La vie **privée**.*
Contraire : **public**

prix n. m.
1. Un **prix** est la valeur d'une chose en argent. *Quel est le **prix** de ce bibelot ?*
2. Un **prix** est une récompense que tu reçois quand tu as été excellent dans une compétition. *J'ai remporté le deuxième **prix**, car je suis arrivé deuxième à la course.*

problème n. m.
Un **problème** est une chose difficile à laquelle il faut trouver une réponse ou une solution. *Notre chat nous pose des **problèmes** ; il n'arrête pas de s'enfuir !*

prochain, prochaine adj.
La **prochaine** chose est celle qui suit, qui vient juste après. *Nous allons à la campagne la semaine **prochaine**. Le **prochain** arrêt.*
Autre mot : **suivant**

proche adj.
Proche signifie près, qui va arriver. *Les vacances sont **proches**, il ne reste qu'une semaine de classe.*

profond, profonde adj.
Le fond de ce qui est **profond** est loin de son ouverture. *Le puits est très **profond**.*

profondeur n. f.
La **profondeur** est la distance entre l'ouverture et le fond de quelque chose. *Ce fossé a un mètre de **profondeur**.*

programme n. m.
1. Le **programme** est l'ensemble des sujets qui vont être étudiés en classe.
2. Un **programme** est un petit livre ou un texte qui présente une pièce de théâtre, un concert ou les émissions de télévision.
3. Un **programme** est l'ensemble des instructions qui indiquent à un ordinateur comment exécuter un travail.

progrès n. m.
Faire des **progrès**, c'est s'améliorer. *Lucie a fait des **progrès** à l'école.*

proie n. f.
Une **proie** est un animal qu'un autre animal chasse pour le dévorer. *Le lion poursuit sa **proie**.*

promettre v.
[je promets, il promet, nous promettons]
Quand tu **promets** une chose, tu t'engages à la faire. *Catherine **a promis** qu'elle arriverait à l'heure.*

proposer v.
[je propose, il propose, nous proposons]
Quand tu **proposes** quelque chose à quelqu'un, tu lui suggères une chose. *Sabine **proposait** que nous passions par le champ plutôt que par le bois.*

propre adj.
Ce qui est **propre** n'est pas sale. *Marco a mis une chemise **propre** avant de sortir.*
Contraire : **sale**

protéger v.
[je protège, il protège, nous protégeons]
Tu mets à l'abri ce que tu **protèges**. *Jeanne **protège** son petit chien de la pluie.*

prune n. f.
Une **prune** est un fruit tendre qui a une peau jaune, verte ou violette. Les **prunes** ont un noyau au centre.

public, publique adj.
Ce qui est **public** peut être su ou utilisé par tout le monde. *La vie **publique** des stars. Un jardin **public**.*
Contraire : **privé**

puer v.
[je pue, il pue, nous puons]
Ce qui **pue** sent très mauvais. *Ce fromage **pue** !*

puis adv.
Puis signifie après. *Bois ton lait, **puis** tu pourras te lever de table.*

puissant, puissante adj.
1. Quelqu'un de **puissant** a un grand pouvoir ou une grande force physique. *Hercule était un homme très **puissant**.*
2. **Puissant** signifie aussi qui a de l'énergie. *Les voitures de course sont très **puissantes**.*

puits n. m.
Un **puits** est un trou profond dans le sol. On creuse des **puits** pour trouver de l'eau, du pétrole ou du gaz.

pull-over n. m.
Un **pull-over** est un vêtement tricoté, en laine ou en coton, qui couvre le haut du corps et qu'on enfile par la tête.

punir v.
[je punis, il punit, nous punissons]
Si on te **punit**, c'est parce que tu as fait quelque chose de mal. *La maîtresse m'**a puni** parce que j'ai triché à l'examen.*

puzzle n. m.
Un **puzzle** est un jeu consistant à reconstituer une image qui a été coupée en morceaux en assemblant les pièces.
Autre mot : **casse-tête** (au Canada)

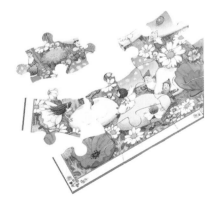

pyjama n. m.
Un **pyjama** est un vêtement que l'on porte la nuit. Un **pyjama** est composé d'une veste et d'un pantalon.

Qq

quai n. m.
1. Un **quai** est une plate-forme en bois ou en béton le long d'un cours d'eau. *Nous sommes allés pêcher au bout du **quai**.*
2. Le **quai** de la gare est le bord de la voie, là où on attend le train.

quand adv.
Quand signifie à quel moment. ***Quand** arriveras-tu ?*

quantité n. f.
La **quantité** est le poids d'une chose ou le nombre d'objets. *Quelle **quantité** de beurre faut-il ?*

quart n. m.
1. Si tu coupes une pizza en **quarts**, tu la coupes en quatre parties égales.

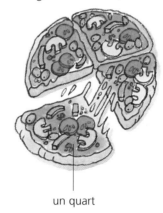

un quart

2. Un **quart d'heure**, c'est 15 minutes. *Je t'ai attendu un **quart d'heure**.*

quelques adj.
Quelques signifie un petit nombre. *Faire **quelques** pas.*

querelle n. f.
Une **querelle** est une vive discussion entre des personnes qui ne sont pas d'accord.
Autres mots : **désaccord**, **dispute**

quereller (se) v.
[je me querelle, il se querelle, nous nous querellons]
Quand on **se querelle** avec quelqu'un, on discute en se fâchant. *Les garçons **se querellaient** parce qu'ils voulaient tous les deux avoir la balle.*
Autre mot : **se disputer**

question n. f.
Tu poses une **question** quand tu veux savoir quelque chose.

Comment t'appelles-tu ?

Où habites-tu ?

Puis-je t'aider ?

quinzaine n. f.
Une **quinzaine** correspond à deux semaines.

quitter v.
[je quitte, il quitte, nous quittons]
Quand tu **quittes** un endroit ou une personne, tu t'en éloignes. *J'**ai quitté** la maison à huit heures ce matin.*

quotidien, quotidienne adj.
Ce qui est **quotidien** revient, se fait tous les jours. *Des repas **quotidiens**.*

Rr

racine n. f.
La **racine** d'une plante est la partie qui pousse sous terre. L'eau monte par la **racine** et va dans le reste de la plante.

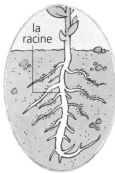
la racine

radeau n. m.
Un **radeau** est un petit bateau plat. Les **radeaux** sont souvent faits de planches de bois attachées ensemble.

radiateur n. m.
Un **radiateur** est un appareil qui sert à chauffer les pièces d'une maison. Les **radiateurs** sont en métal. Certains contiennent de l'eau chaude, d'autres fonctionnent à l'électricité.

radio n. f.
Une **radio** est un appareil qui reçoit des signaux par les airs et qui les transmet. On peut écouter de la musique, des émissions et les nouvelles à la **radio**.

radiographie
n. f.
Une **radio-graphie** est une sorte de photographie qui montre l'intérieur du corps humain.

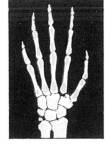

rafraîchissant, rafraîchissante adj.
Ce qui est **rafraîchissant** donne la sensation d'avoir moins chaud. *Une boisson **rafraîchissante** est agréable l'été.*

raide adj.
1. Des cheveux **raides** sont tout droits, sans boucles.
2. Une pente **raide** monte à pic. *Le sentier est en pente **raide**.* Autre mot : **abrupt**

rail n. m.
Un **rail** est une des barres d'acier sur lesquelles les trains circulent.

raisin n. m.
Le **raisin** est un petit fruit rond qui pousse en grappes. Il existe des variétés de **raisins** noirs et de **raisins** blancs.

raison n. f.
La **raison** de quelque chose est son explication. *La **raison** de mon retard est que mon autobus a eu un accident.* Autre mot : **motif**

ramasser v.
[je ramasse, il ramasse, nous ramassons]
1. **Ramasser**, c'est prendre par terre quelque chose qui est tombé. *Kim **ramasse** son mouchoir.*
2. **Ramasser**, c'est aussi mettre ensemble plusieurs objets. *Louise a **ramassé** ses affaires.*

rame n. f.
Une **rame** est un long bâton aplati à un bout. On utilise des **rames** pour faire avancer de petites embarcations.

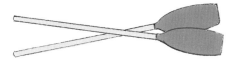

ramer v.
[je rame, il rame, nous ramons]
Quand tu **rames**, tu te déplaces en bateau au moyen de **rames**.

rampe n. f.
Une **rampe** est une barre en métal ou en bois qu'on peut tenir lorsqu'on monte un escalier.

ramper v.
[je rampe, il rampe, nous rampons]
Quand tu **rampes**, tu te déplaces au sol les membres repliés. *Joëlle passe sous la table en **rampant**. Les serpents **rampent**.*

rangée n. f.
Une **rangée** est une suite de personnes ou d'objets sur une même ligne.

ranger v.
[je range, il range, nous rangeons]
Quand tu **ranges** tes affaires, tu les mets à leur place, en ordre. *Jacques **range** ses jouets dans son coffre à jouets.*

A B C D E F G H I J K L M N O P Q R S T U V W X Y Z

rapide adj.
1. Ce qui est **rapide** bouge très vite. *Une voiture **rapide***.
Contraire : **lent**
2. Ce qui est **rapide** dure très peu de temps. *Il a lancé un regard **rapide** autour de lui.*

rappeler v.
[je rappelle, il rappelle, nous rappelons]
1. Quand tu **rappelles** quelque chose à quelqu'un, tu l'aides à s'en souvenir. ***Rappelle**-moi donc la date de ton anniversaire.*
2. **Se rappeler.** Quand tu **te rappelles** quelque chose, tu en gardes le souvenir dans ta mémoire. *Simon ne **se rappelait** plus où il avait déposé son manteau.*
Autre mot : **se souvenir**
Contraire : **oublier**

raquette n. f.
1. Une **raquette** comporte un cadre avec des cordes tissées ensemble monté sur un manche. *On joue au tennis avec une **raquette**.*

2. Une **raquette** est aussi une large semelle tendue de lanières que l'on attache sous ses chaussures pour marcher dans la neige. *Le trappeur a chaussé ses **raquettes**.*

rare adj.
Ce qui est **rare** ne se voit pas très souvent. *L'ébène est un bois **rare**.*

raser (se) v.
[je me rase, il se rase, nous nous rasons]
Un homme qui **se rase** se coupe la barbe. *Grand-père **se rase** tous les jours.*

rassemblement n. m.
Un **rassemblement** est une réunion de personnes en un même endroit. *Il y a eu un grand **rassemblement** de docteurs pour ce congrès.*

rat n. m.
Un **rat** est un petit animal à longue queue et à dents tranchantes. Les **rats** transmettent parfois des maladies.

râteau n. m.
Un **râteau** est un instrument de jardinage muni d'un long manche et de dents de métal. On utilise un **râteau** pour ramasser les feuilles mortes.

rater v.
[je rate, il rate, nous ratons]
1. Si on **rate** un avion, on le manque.
2. Si on **rate** un examen, on ne le réussit pas.
Contraire : **réussir**

rayure n. f.
Une **rayure** est une ligne de couleur. *La chemise d'Alexis a des **rayures** bleues et blanches.*

rebondir v.
[je rebondis il rebondit, nous rebondissons]
Quand un ballon **rebondit**, il fait un bond après avoir touché un objet. *Le ballon **rebondit** sur la tête d'Annette.*

récent, récente adj.
Ce qui est **récent** s'est produit il y a peu de temps.

recette n. f.
Une **recette** est la manière, l'explication, de préparer un mets ou une boisson.

Les crêpes
(pour 6 crêpes)

Ingrédients
- 150 g de farine
- une pincée de sel
- 3 œufs
- 1/2 litre de lait
- du beurre pour la cuisson

1. Tamise la farine et le sel dans un saladier.
2. Mets les œufs et un peu de lait.
3. Bats pour incorporer toute la farine.
4. Ajoute le reste du lait.
5. Fais chauffer un peu de beurre dans une poêle et verses-y un peu du mélange.
6. Cuis à feu vif une minute.
7. Tourne la crêpe à l'aide d'une spatule et fais cuire de l'autre côté.
8. Sers avec du sucre ou de la confiture.

réciter v.
[je récite, il récite, nous récitons]
Quand tu **récites** un poème, tu le dis à haute voix après l'avoir appris par cœur.

récolte n. f.
La **récolte** est le moment où on ramasse ce qui a été cultivé dans les champs. C'est aussi ce que l'on ramasse.

récompense n. f.
Une **récompense** est ce qu'on donne à quelqu'un qui a fait quelque chose de bien. *Je te donne cette **récompense** parce que tu as été très sage.*

reconduire v.
[je reconduis, il reconduit, nous reconduisons]
Quand tu **reconduis** quelqu'un, tu l'accompagnes lorsqu'il s'en va. *Maman **a reconduit** Jeannot chez lui après l'école.*

reconnaissant, reconnaissante adj.
Quand tu es **reconnaissant** envers quelqu'un, tu lui montres que tu apprécies ce qu'il a fait pour toi.

reconnaître v.
[je reconnais, il reconnaît, nous reconnaissons]
Quand tu **reconnais** quelqu'un ou quelque chose, tu le vois et tu sais qui il est ou ce que c'est. *Je **reconnais** l'actrice qui joue dans ce film.*

rectangle n. m.
Un **rectangle** est une forme à quatre côtés et à quatre angles. Il a deux longs côtés de la même longueur et deux petits côtés de la même longueur.
● *Voir **les formes** à la page 48*

reculer v.
[je recule, il recule, nous reculons]
Reculer, c'est aller en arrière.
Contraire : **avancer**

reculons (à) loc. adv.
Quand tu marches **à reculons**, tu marches en allant vers l'arrière.

recycler v.
[je recycle, il recycle, nous recyclons]
Recycler, c'est soumettre quelque chose à un traitement spécial pour qu'on puisse le réutiliser. ***Recycler** du verre, du papier, du métal.*

verre   papier   métal

réduire v.
[je réduis, il réduit, nous réduisons]
Quand tu **réduis** une chose, tu la rends plus petite. *Le prix des jouets **a été réduit**.*
Contraire : **augmenter**

reflet n. m.
Ton **reflet**, c'est ce que tu vois quand tu te regardes dans un miroir.

réfrigérateur n. m.
Un **réfrigérateur** est un appareil qui conserve les aliments au froid.

refuser v.
[je refuse, il refuse, nous refusons]
Quand tu **refuses** de faire quelque chose, tu ne veux pas le faire.

regarder v.
[je regarde, il regarde, nous regardons]
Quand tu **regardes** une chose, tu te sers de tes yeux pour la voir. *Émilie **regarde** un film d'épouvante.*

règle n. f.
1. Une **règle** indique ce qu'on doit faire ou ne pas faire. *On doit suivre les **règles** du jeu.*
2. Une **règle** est un instrument plat en plastique, en bois ou en métal aux côtés bien droits. Elle permet de tracer des lignes droites ou de mesurer une longueur.

reine n. f.
La **reine** est une femme qui dirige un pays ou est l'épouse d'un roi. Les **reines** font partie de la famille royale et ne sont pas élues par le peuple.

remarquer v.
[je remarque, il remarque, nous remarquons]
Quand tu **remarques** quelque chose, tu le vois et y prêtes attention. *Brigitte **a remarqué** qu'Éric était tout pâle.*

remercier v.
[je remercie, il remercie, nous remercions]
Quand tu **remercies** quelqu'un, tu lui dis merci pour ce qu'il a fait. *J'**ai remercié** Jérôme de m'avoir aidé à porter mon sac.*

remonter v.
[je remonte, il remonte, nous remontons]
1. Remonter signifie retourner en haut. ***Remonte** dans ta chambre.*
2. Remonter, c'est remettre en place les pièces d'un mécanisme. *Après avoir nettoyé toutes les pièces, Benoît **a remonté** sa bicyclette.*
Contraire : **démonter**
3. Quand tu **remontes** un réveil ou un jouet mécanique, tu tournes une clé qui permet de le faire fonctionner.

remorquer v.
[je remorque, il remorque, nous remorquons]
Quand une dépanneuse **remorque** une voiture tombée en panne, elle la tire.

A B C D E F G H I J K L M N O P Q **R** S T U V W X Y Z

remplacer v.
[je remplace, il remplace, nous remplaçons]
Quand tu **remplaces** un objet, tu en mets un autre à la place. *Karine **a remplacé** le vase cassé par un neuf.*

remuer v.
[je remue, il remue, nous remuons]
Quand tu **remues** un mélange, tu le tournes avec une cuillère ou un bâton. *Paul **remue** la pâte.*

renard n. m.
Un **renard** est un animal sauvage qui ressemble à un chien. Il a des oreilles pointues et une queue très touffue.

rencontrer v.
[je rencontre, il rencontre, nous rencontrons]
Quand tu **rencontres** quelqu'un, tu te trouves avec cette personne au même endroit en même temps. *J'**ai rencontré** Luce devant le musée.*

renne n. m.
Un **renne** est un animal qui a des bois sur la tête. Les **rennes** vivent dans les pays froids.

renseignement n. m.
Un **renseignement** est une information.

renverser v.
[je renverse, il renverse, nous renversons]
1. Quand tu **renverses** un liquide, tu le laisses se répandre. *Audrey **a renversé** le lait.*

2. Quand tu **renverses** un objet, tu le fais tomber. *Adeline **a renversé** sa chaise en se levant.*

réparer v.
[je répare, il répare, nous réparons]
Quand tu **répares** un objet cassé, tu le remets en bon état. *Rémy **répare** son cerf-volant.*
Contraire : **casser**

repas n. m.
Un **repas** est la nourriture et les boissons que l'on prend en une seule fois à un certain moment de la journée. *Le déjeuner et le dîner sont des **repas**.*

repère n. m.
Un **repère** est une marque, tout ce qui sert à retrouver quelque chose. *Cette date me sert de **repère**.*

répéter v.
[je répète, il répète, nous répétons]
1. Quand tu **répètes** une chose, tu la dis de nouveau. *Pouvez-vous me **répéter** votre nom, j'ai mal entendu.*
2. Quand tu **répètes** une pièce de théâtre ou un morceau de musique, tu t'entraînes à le jouer. *On **a répété** toute la semaine pour le concert de fin d'année.*

replacer v.
[je replace, il replace, nous replaçons]
Quand tu **replaces** un objet, tu le remets à l'endroit où il était auparavant. *Agnès **a replacé** le livre dans la bibliothèque.*
Contraire : **déplacer**

répondre v.
[je réponds, il répond, nous répondons]
Quand tu **réponds** à quelqu'un, tu dis quelque chose à propos d'une question qu'il t'a posée. *Pierre **a répondu** : « Non, merci ! »*

réponse n. f.
1. Une **réponse** est ce que tu dis lorsqu'on t'a posé une question. *Geneviève n'a pas encore donné de **réponse**.*
2. Tu peux aussi envoyer une **réponse** à une lettre que tu as reçue.

212, rue de la Ville
La Cité

Le 23 février 1998

Chère Michèle,
Merci de ton invitation à ta fête d'anniversaire. Cela me fera très plaisir de venir. J'ai trouvé le cadeau idéal pour toi. J'ai hâte de voir ta tête quand tu l'ouvriras !

À bientôt,
Anna

À Anna
Invitati
Au 12, rue
Le samedi,

reposer (se) v.
[je me repose, il se repose,
nous nous reposons]
Quand tu **te reposes**, tu restes assis
ou couché parce que tu es fatigué.

représentation n. f.
Une **représentation** est un
spectacle qu'on donne devant un
public, comme une pièce de théâtre.

reptile n. m.
Un **reptile** est un animal à peau sèche
et écailleuse. Les **reptiles** pondent
des œufs. Les serpents, les lézards
et les crocodiles sont des **reptiles**.

requin n. m.
Un **requin** est un très grand poisson
avec des dents pointues. Les
requins sont dangereux et
peuvent attaquer les
êtres humains.

réservoir n. m.
Un **réservoir** est un grand récipient
destiné à contenir des liquides. *On
remplit le **réservoir** d'essence de la
voiture à la station-service.*

résistant, résistante adj.
1. Une chose **résistante** est solide,
elle ne se casse pas ou ne s'abîme
pas facilement. *Il te faut des
chaussures **résistantes** pour
gravir cette montagne.*
2. Une personne **résistante** supporte
facilement l'effort ou la fatigue.

respirer v.
[je respire, il respire, nous respirons]
Quand tu **respires**, tu fais pénétrer
de l'air dans tes poumons, puis tu le
fais ressortir. *Tu peux **respirer** par le
nez ou par la bouche.*

responsable adj.
Si tu es **responsable** de quelque
chose ou de quelqu'un, tu en as la
charge.

ressembler v.
[je ressemble, il ressemble,
nous ressemblons]
Ressembler, c'est être à peu près
pareil. *Frédéric **ressemble** beaucoup
à François.*

ressort n. m.
Un **ressort** est un fil de métal en
spirale. Les **ressorts** reprennent leur
forme après avoir été comprimés.
Certains matelas ont des **ressorts**.

restaurant n. m.
Un **restaurant** est un endroit où on
sert des repas. On paye et on s'assoit
pour manger.

reste n. m.
Le **reste** est ce qui reste, ce qu'on
laisse. *J'ai mangé le **reste** de la pizza
d'hier.*

rester v.
[je reste, il reste, nous restons]
1. Quand tu **restes** dans un endroit,
tu y demeures. *Claire **est restée** à la
maison plutôt que d'aller au cinéma.*
2. Si tu **restes** dans une position, tu
continues d'être dans cette position.
*Je **suis resté** debout une heure à
attendre.*

retard n. m.
Si tu arrives en **retard**, tu arrives
après l'heure prévue. *Dominique est
arrivé en **retard** à cause de la pluie.*
Contraire : **avance**

retirer v.
[je retire, il retire, nous retirons]
1. Quand tu **retires** un objet d'un
endroit, tu le fais sortir de cet endroit.
*Richard **a retiré** la valise de l'armoire.*
Contraires : **mettre**, **ranger**
2. Si tu **retires** un vêtement, tu l'ôtes.
*Je **retire** mon manteau.*
Autres mots : **enlever**, **ôter**
Contraire : **mettre**

retourner v.
[je retourne, il retourne,
nous retournons]
1. Quand tu **retournes** dans un
endroit, tu y reviens.
2. Quand tu **retournes** un objet,
tu le changes de côté. *Marc **a
retourné** sa feuille pour cacher
son dessin.*
3. **Se retourner**. Si tu **te retournes**,
tu tournes la tête en arrière ou tu
fais demi-tour.

retrouver v.
[je retrouve, il retrouve,
nous retrouvons]
Quand tu trouves une chose que
tu avais perdue ou égarée, tu la
retrouves. *Maggy **a retrouvé** son
hamster sous le lit.*
Contraire : **perdre**

réussir v.
[je réussis, il réussit,
nous réussissons]
1. **Réussir** signifie arriver à un bon
résultat.
2. Si tu **as réussi** un examen, tu as
obtenu la note de passage.
Contraire : **rater**
3. Une personne qui **a réussi** est
une personne qui a du succès dans
ce qu'elle entreprend. *Élise est une
femme d'affaires qui **a réussi**.*

rêve n. m.
Un **rêve** est une histoire que tu vois,
que tu entends pendant que tu dors.

réveil n. m.
1. Le **réveil**, c'est
le moment où tu
cesses de dormir.
2. Un **réveil** est aussi
un petit appareil qui donne l'heure
et qui sonne pour te réveiller.

A B C D E F G H I J K L M N O P Q **R** S T U V W X Y Z

réveiller v.
[je réveille, il réveille, nous réveillons]
1. **Réveiller** quelqu'un, c'est interrompre son sommeil.
2. **Se réveiller**. Quand tu **te réveilles**, tu cesses de dormir. *Josiane **se réveille** tôt le matin.*
Contraire : **s'endormir**

revoir v.
[je revois, il revoit, nous revoyons]
1. **Revoir**, c'est voir de nouveau. *Je suis très content de vous **revoir**.*
2. **Revoir**, c'est aussi regarder de nouveau. *Je voudrais **revoir** ce film.*

rhinocéros n. m.
Un **rhinocéros** est un gros animal très lourd qui a une peau épaisse et plissée. Les **rhinocéros** ont une ou deux cornes sur le nez.

rhume n. m.
Lorsqu'on a un **rhume**, on est malade : on a le nez qui coule, la gorge irritée et les yeux qui pleurent.

riche adj.
Une personne **riche** a beaucoup d'argent.
Contraire : **pauvre**

ride n. f.
Une **ride** est un pli de la peau sur le visage d'une personne. *Le vieil homme avait le visage couvert de **rides**.*

rideau n. m.
Un **rideau** est un morceau de tissu qu'on met à une fenêtre.

ridicule adj.
Ce qui est **ridicule** donne envie de rire ou de se moquer. *André avait l'air **ridicule** dans les habits de son père.*

rien pron.
Rien signifie pas une seule chose. *Carole n'a **rien** laissé dans son assiette.*

rigide adj.
Ce qui est **rigide** est difficile à plier.
Contraires : **mou**, **souple**

rimer v.
[il rime, ils riment]
Des mots qui **riment** se terminent par les mêmes sons. Bête, tête et fête **riment**.

rincer v.
[je rince, il rince, nous rinçons]
Quand tu **rinces** un objet qui a été lavé, tu le passes sous l'eau pour enlever le savon.

rire v.
[je ris, il rit, nous rions]
Quand tu **ris**, tu émets un son qui montre que tu trouves une chose drôle. *Laura **rit** toujours quand Charles fait le clown.*
Contraire : **pleurer**

risque n. m.
1. Un **risque** est un danger. *Le **risque** du ski, c'est la chute.*
2. **Prendre un risque**, c'est faire quelque chose qui pourrait être dangereux. *Robin **a pris un risque** en s'approchant du feu.*

rive n. f.
La **rive** est le bord d'un cours d'eau. *L'oie se tient sur la **rive**.*

rivière n. f.
Une **rivière** est un cours d'eau assez important. Les **rivières** sont bordées de berges (de rives). Elles se jettent dans un lac ou un fleuve.

riz n. m.
Le **riz** est une céréale cultivée dans les pays chauds et humides. On doit faire cuire les grains de **riz** avant de les manger.

robe n. f.
1. Une **robe** est un vêtement que portent les filles et les femmes. Une **robe** se compose d'une jupe et d'un corsage cousus ensemble.
2. Une **robe de chambre** est un vêtement que les hommes et les femmes portent à la maison.

robinet n. m.
Un **robinet** est un appareil qu'on tourne quand on veut avoir de l'eau. Les éviers et les baignoires ont des **robinets**.

robot n. m.
Un **robot** est une machine capable d'exécuter des travaux à la place des humains.

roche n. f.
1. La **roche** est la matière dure de la Terre.
2. Une **roche** est un morceau de cette matière.
Autre mot : **pierre**

rocher n. m.
Un **rocher** est un gros morceau de pierre.

roi n. m.
Un **roi** est une personne qui dirige un pays. Les **rois** font partie de la famille royale et ne sont pas élus par le peuple.

rond n. m.
Un **rond** est un cercle. *Damien trace des **ronds** sur sa feuille.*

ronfler v.
[je ronfle, il ronfle, nous ronflons]
Quand tu **ronfles**, tu respires par la bouche en dormant, et tu produis un bruit particulier avec le nez et la gorge.

ronronner v.
[il ronronne, ils ronronnent]
Un chat qui **ronronne** fait entendre un petit grondement sourd pour montrer qu'il est content.

rose n. m.
Tu obtiens du **rose** en mélangeant du rouge et du blanc. *La glace à la fraise est d'un joli rose.*
● *Voir les couleurs à la page 28*

rose n. f.
Une **rose** est une fleur qui a des épines sur sa tige. *Les roses sentent très bon.*

rôtir v.
[je rôtis, il rôtit, nous rôtissons]
Quand on **rôtit** une pièce de viande, on la fait cuire au four chaud. *J'ai mis le poulet à rôtir pour le dîner.*

roue n. f.
Une **roue** est ronde et tourne. Les voitures ont des **roues**.

rouge n. m.
Le **rouge** est la couleur du sang et des tomates.
● *Voir les couleurs à la page 28*

rouleau n. m.
1. Un **rouleau** est un long ruban de papier ou autre matière enroulé plusieurs fois.
2. Un **rouleau** est aussi un cylindre allongé en bois ou en métal destiné à divers usages. *Un rouleau à pâtisserie.*

rouler v.
[je roule, il roule, nous roulons]
Un corps qui **roule** se déplace en tournant sur lui-même. *Le ballon a roulé au bas de la colline.*

route n. f.
Une **route** est un large chemin goudronné ou pavé permettant de se déplacer d'un endroit à un autre. *Les voitures roulent sur des routes.*

ruban n. m.
1. Un **ruban** est un long morceau de tissu étroit qui sert d'ornement. *Alice a attaché un ruban dans ses cheveux.*
2. Le **ruban adhésif** est une bande de plastique transparent collant. On s'en sert pour coller des objets ensemble. *J'ai collé la feuille sur le mur avec du ruban adhésif.*

rue n. f.
Une **rue** est une voie publique dans une ville bordée de maisons de chaque côté.

ruelle n. f.
Une **ruelle** est une petite rue étroite.

rugby n. m.
Le **rugby** est un sport qui oppose deux équipes. On joue au **rugby** avec un ballon ovale.

rugir v.
[je rugis, il rugit, nous rugissons]
Quand un animal **rugit**, il pousse un cri terrible. *Le lion rugit.*

rugueux, rugueuse adj.
Ce qui est **rugueux** n'est pas lisse.
Contraires : **doux**, **lisse**

ruisseau n. m.
Un **ruisseau** est un petit cours d'eau.

rusé, rusée adj.
Une personne **rusée** sait comment agir pour obtenir ce qu'elle veut. *Il est rusé comme un renard.*

rythme n. m.
Le **rythme** est une certaine vitesse de la musique. *Luc marque le rythme avec son pied.*

Ss

sable n. m.
Le **sable** est composé de minuscules morceaux de roches et de coquillages. Certaines plages et certains déserts sont couverts de **sable**.

sabot n. m.
Le **sabot** d'un animal est la partie dure de son pied. Les chevaux, les cerfs et les vaches ont des **sabots**.

sac n. m.
1. Un **sac** est utilisé pour emballer ou transporter des objets. Il peut être de différentes dimensions. *Papa a acheté deux grands sacs de pommes de terre.*
2. Les femmes portent un **sac à main** dans lequel elles mettent argent, mouchoir, etc.

sachet n. m.
Un **sachet** est un petit sac. *J'ai acheté un sachet de graines.*

sage adj.
1. Une personne **sage** pense et réfléchit avant d'agir.
Autre mot : **raisonnable**
2. On dit d'un enfant qu'il est **sage** s'il est calme et gentil.

sain, saine adj.
1. Ce qui est **sain** est bon pour la santé.
2. Être **sain et sauf**, c'est n'être ni malade ni blessé à la suite d'un danger, d'une épreuve. *Jules est sorti sain et sauf de cette aventure.*

saisir v.
[je saisis, il saisit, nous saisissons]
Quand tu **saisis** un objet, tu le prends avec force ou rapidité. *Renée a saisi son sac et s'est enfuie.*

saison n. f.
Une **saison** est une partie de l'année. Les quatre **saisons** sont le printemps, l'été, l'automne et l'hiver.

salade n. f.
1. Une **salade** est un légume avec de grandes feuilles vertes. On mange la **salade** crue.

2. Une **salade** est aussi un mélange de légumes crus, comme de la laitue et des tomates.

sale adj.
Ce qui est **sale** n'est pas propre.
Contraire : **propre**

saler v.
[je sale, il sale, nous salons]
Saler quelque chose, c'est le saupoudrer de sel. *Thierry **sale** ses frites.*

salir v.
[je salis, il salit, nous salissons]
Quand tu **salis** une chose, tu la rends sale. *J'**ai sali** mes vêtements en jouant dans le parc.*

salle n. f.
1. Une **salle** est une grande pièce dans un établissement public.
2. La **salle à manger** est la pièce de la maison où l'on prend les repas.

salon n. m.
Le **salon** est la pièce où on peut s'asseoir et se détendre.

samedi n. m.
Le **samedi** est le jour de la semaine entre le vendredi et le dimanche. *Tous les **samedis**, je vais à la pêche avec mon oncle.*

sandale n. f.
Une **sandale** est une chaussure légère avec des lanières qui passent sur le dessus du pied. On porte des **sandales** quand il fait chaud.

sandwich n. m.
Un **sandwich** est constitué de deux tranches de pain entre lesquelles on met des aliments. *Samuel a mangé un **sandwich** au jambon à midi.*

sang n. m.
Le **sang** est le liquide rouge qui circule à travers le corps dans les vaisseaux grâce au cœur. On parle de la circulation du **sang**.

sans prép.
Sans exprime l'absence, la privation. *Le spectacle commence **sans** Hervé. Il est impossible d'enfoncer ces clous **sans** un marteau.*

santé n. f.
Être en bonne **santé**, c'est être en forme, ne pas être malade.

sari n. m.
Un **sari** est une longue pièce de tissu léger qu'on enroule autour du corps. Les femmes et les filles indiennes portent souvent des **saris**.

satellite n. m.
1. Un **satellite** est un objet naturel qui tourne autour d'une planète. La Lune est le **satellite** de la Terre.
2. Un **satellite** est aussi un engin construit par l'homme qui tourne autour de la Terre ou d'une autre planète.

sauce n. f.
Une **sauce** est une préparation plus ou moins liquide qu'on mange avec des aliments. *J'ai mis de la **sauce** au chocolat sur ma crème glacée.*

saucisse n. f.
Une **saucisse** est une préparation de viande hachée entourée d'une peau.

saucisson n. m.
Un **saucisson** est un genre de saucisse cuite ou séchée. On le mange froid et coupé en rondelles.

sauter v.
[je saute, il saute, nous sautons]
1. Quand tu **sautes**, tu plies les genoux puis les déplies brusquement pour te projeter vers le haut. *Léa est capable de **sauter** très haut.*
2. Quand tu **sautes à la corde**, tu fais passer une corde à sauter par-dessus ta tête, puis sous tes pieds.
3. **Faire sauter**. Quand tu **fais sauter** une crêpe, tu l'envoies en l'air pour la retourner.

sautiller v.
[je sautille, il sautille, nous sautillons]
Quand tu **sautilles**, tu te déplaces en faisant des petits sauts comme un oiseau.

sauvage adj.
Les animaux **sauvages** vivent en liberté dans la nature.
Contraires : **apprivoisé**, **domestique**
Les plantes **sauvages** poussent naturellement, sans être cultivées.

sauver v.
[je sauve, il sauve, nous sauvons]
Quand tu **sauves** quelqu'un, tu le fais échapper à un grave danger.
Lisa s'est jetée à l'eau pour sauver l'enfant de la noyade.

savant n. m.
Un **savant** est une personne qui connaît beaucoup de choses.

saveur n. f.
La **saveur** d'une chose est le goût qu'elle a.

savon n. m.
On utilise du **savon** et de l'eau pour se laver ou laver des objets.

savoureux,
savoureuse adj.
Un aliment **savoureux** a un goût délicieux.

scène n. f.
1. La **scène** est la partie du théâtre où les acteurs jouent.
2. Une **scène** est une action qui se déroule dans un film ou une pièce de théâtre.

schéma n. m.
Un **schéma** est un dessin qui montre les parties d'un objet, par exemple, de manière claire et simple.

scie n. f.
Une **scie** est un outil formé d'un manche et d'une lame avec des dents. On utilise une **scie** pour couper du bois.
● *Voir* **les outils** *à la page 78*

science n. f.
Les **sciences** sont les matières comme les mathématiques, la physique, la chimie, la biologie. Quand tu étudies les **sciences**, tu fais souvent des expériences pour t'aider à comprendre.

seau n. m.
Un **seau** est un récipient cylindrique destiné à recueillir ou à transporter des liquides ou diverses matières.
Un **seau** a un fond plat et une anse.

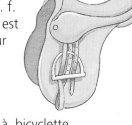

sec, sèche adj.
Ce qui est **sec** n'a pas du tout d'eau dessus ou dedans.
Contraires : **humide**, **mouillé**

sécher v.
[je sèche, il sèche, nous séchons]
Quelque chose qui **sèche** devient sec. *Marine laisse sécher la vaisselle sur l'égouttoir.*

seconde n. f.
Une **seconde**, c'est une période de temps. Il y a 60 **secondes** dans une minute.

secourir v.
[je secours, il secourt, nous secourons]
Quand on **secourt** quelqu'un, on lui vient en aide pour le tirer d'un danger. *L'équipage de l'hélicoptère **a secouru** l'enfant qui était tombé à la mer.*

secours n. m.
Un **secours** est ce qui aide une personne en danger à s'en sortir. *Une fois dans le lac, Fabien appela au **secours**. Stéphane est venu au **secours** de Fabien qui se noyait.*

secret n. m.
Un **secret** est quelque chose que peu de personnes savent et qu'elles ne doivent pas dire.

sécurité n. f.
Être en **sécurité**, c'est être à l'abri du danger.

sel n. m.
On met du **sel** sur les aliments pour leur donner du goût, soit pendant la cuisson, soit lorsqu'ils sont dans l'assiette.

selle n. f.
Une **selle** est le siège sur lequel on s'assoit lorsqu'on monte à cheval ou à bicyclette.

semaine n. f.
Une **semaine** est une période de 7 jours. Il y a 52 **semaines** dans une année.

semer v.
[je sème, il sème, nous semons]
Quand tu **sèmes**, tu répands en surface ou tu mets en terre des semences pour faire pousser des plantes. *Chaque printemps, Luc **sème** des fleurs.*

sens n. m.
1. Un **sens** est une direction. *Dans quel **sens** allons-nous ?*
2. Tes **sens** t'aident à obtenir des renseignements sur les objets qui t'entourent. Les **cinq sens** sont : la vue, l'ouïe, le toucher, le goût et l'odorat.
3. Le **bon sens**, c'est la capacité d'agir raisonnablement.

sentier n. m.
Un **sentier** est un chemin étroit sur lequel on peut marcher. *Le **sentier** passe à travers la forêt.*

sentiment n. m.

Les **sentiments** indiquent comment on se sent ou de quelle humeur on est. *Un **sentiment** de peur s'est emparé de Léon.*

sentir v.

[je **sens**, il **sent**, nous **sentons**]
1. Quand tu **sens** une chose, tu la touches pour savoir comment elle est. *Prends ma main, tu vas **sentir** comme elle est froide !*
2. Quand tu **sens** une odeur, c'est l'air que tu respires par ton nez qui te la fait connaître. *Mireille aime **sentir** le bouquet de violettes.*
3. Si une chose **sent**, c'est qu'elle répand une odeur. *Ce parfum **sent** bon.*
4. **Se sentir**. Quand tu **te sens** joyeux ou triste, c'est un sentiment que tu éprouves dans ton cœur. *Michèle **se sentait** triste quand ses amis sont partis.*

séparer v.

[je **sépare**, il **sépare**, nous **séparons**]
Quand tu **sépares** des êtres ou des choses, tu les éloignes les uns des autres.

série n. f.

Une **série** est un groupe de choses qui se ressemblent et qui se suivent. *Ma mère a écrit une **série** d'articles pour une revue scientifique.*

sérieux, sérieuse adj.

1. Ce qui est **sérieux** est important.
2. Une personne **sérieuse** ne rit pas très souvent.

serpent n. m.

Un **serpent** est un reptile au corps long et mince dépourvu de pattes. Les **serpents** avancent en faisant glisser leur corps sur le sol. Certains **serpents** sont venimeux.

serre n. f.

Une **serre** est une construction avec un toit et des murs en verre. On y fait pousser des plantes.

serré, serrée adj.

Un vêtement **serré** colle au corps. *Cette robe est trop **serrée** pour moi.* Contraire : **lâche**

serrure n. f.

Une **serrure** est un dispositif qui sert à fermer une porte ou un coffre. On doit utiliser une clé pour ouvrir une **serrure**. *Mon journal intime est fermé par une **serrure**.*

serveur n. m.

Un **serveur** est une personne qui sert les boissons et les plats aux clients dans un restaurant ou un café. Autre mot : **garçon**

serviable adj.

Une personne **serviable** aime aider les autres.

service n. m.

Si quelqu'un te rend un **service**, il fait quelque chose qui t'aide.

serviette n. f.

1. Une **serviette** est un morceau de tissu ou de papier qu'on utilise pour protéger ses vêtements quand on mange.
2. Une **serviette** est aussi un épais morceau de tissu avec lequel on se sèche le corps. *Les **serviettes** de bain.*

servir v.

[je **sers**, il **sert**, nous **servons**]
1. Quand on **sert** un repas, on place les plats sur la table. *Maman **sert** toujours le dîner dans la salle à manger.*
2. **Se servir**. Quand on **se sert** de quelque chose, on l'utilise.

seul, seule adj.

Si tu es **seul**, il n'y a personne avec toi.

sévère adj.

Une personne **sévère** est exigeante et dure. Elle punit facilement.

sexe n. m.

Les êtres humains sont divisés en deux **sexes** : le **sexe** masculin et le **sexe** féminin.

shampoing n. m.

Le **shampoing** est un liquide avec lequel on se lave les cheveux. On écrit aussi : **shampooing**

short n. m.

Un **short** est une culotte courte.

siècle n. m.

Un **siècle** est une période de cent ans.

siège n. m.

Un **siège** est un meuble ou un objet sur lequel on peut s'asseoir.

sieste n. f.

Lorsque tu fais une **sieste**, tu te reposes pendant une courte période de temps après le repas de midi.

siffler v.

[je **siffle**, il **siffle**, nous **sifflons**]
Quand tu **siffles**, tu produis un son ou une mélodie en soufflant de l'air entre tes lèvres placées dans une position particulière.

sifflet n. m.

Un **sifflet** est un petit instrument en forme de tube qui produit un son aigu quand on souffle dedans.

signature n. f.
Une personne qui met sa **signature** au bas d'une lettre y écrit son nom à la main.

signe n. m.
Un **signe** est un geste destiné à faire savoir quelque chose. *Les alpinistes ont fait des signes pour attirer l'attention du pilote de l'hélicoptère.*

signer v.
[je signe, il signe, nous signons] Quand tu **signes**, tu écris ton nom à la main.

silencieux, silencieuse adj.
Ce qui est **silencieux** ne fait pas beaucoup de bruit. *Notre nouvelle voiture est très silencieuse.* Contraire : **bruyant**

simple adj.
Ce qui est **simple** est facile à faire ou à comprendre. *Un devoir simple.*

singe n. m.
Un **singe** est un animal très agile, capable de saisir des objets avec ses membres. Certains possèdent une longue queue. Les **singes** vivent dans les arbres, dans les pays chauds.

sinueux, sinueuse adj.
Une route **sinueuse** présente de nombreuses courbes.

sirène n. f.
1. Une **sirène** est une créature imaginaire à tête et à torse de femme, et à queue de poisson. *Il y a un magnifique dessin de sirène dans mon livre.*
2. Une **sirène** est un appareil qui sert à produire un signal très fort. *La sirène d'alarme a réveillé tout le monde au milieu de la nuit.*

sirop n. m.
Un **sirop** est un mélange de sucre et d'eau ou de jus de fruits. *Du sirop de fraise.*

ski n. m.
1. Un **ski** est une longue lame en bois, en métal ou en plastique. On utilise des **skis** pour glisser sur la neige sans s'y enfoncer.
2. **Faire du ski**. Quand tu **fais du ski**, tu descends une pente enneigée au moyen de skis. *Johanne fait du ski cinq heures par jour.*

soda n. m.
Un **soda** est une boisson gazeuse sucrée.

sœur n. f.
Ta **sœur** est une fille qui a le même père et la même mère que toi.

soie n. f.
La **soie** est un tissu obtenu à partir d'un fil brillant produit par le ver à **soie**.

soif n. f.
Quand tu as **soif**, tu as besoin de boire. *J'ai toujours soif en rentrant de l'école.*

soigner v.
[je soigne, il soigne, nous soignons] Quand le docteur te **soigne**, il s'occupe de t'aider à guérir.

soin n. m.
1. Quand tu travailles avec **soin**, tu t'appliques.
2. Quand tu **prends soin** d'un ami ou d'un animal, tu t'en occupes. *Hubert a deux lapins et il en prend soin lui-même.*
3. Quand tu **prends soin** de faire une chose, tu penses à la faire. *Annie prend soin de toujours bien fermer la porte à clé.*

soirée n. f.
La **soirée** est la partie de la journée entre l'après-midi et le moment où on se couche.

sol n. m.
Le **sol** est la surface de la Terre sur laquelle on marche.

soldat n. m.
Un **soldat** sert dans l'armée.

solde n. m.
Des articles en **solde** sont en vente moins cher que d'habitude. *Les soldes d'été.*

Soleil n. m.
Le **Soleil** est un astre lumineux qu'on voit dans le ciel pendant le jour. Il nous donne chaleur et lumière. La Terre met une année à faire le tour du **Soleil**.

solide adj.
Ce qui est **solide** ne se casse pas facilement. *Cette table est solide, tu peux monter dessus.*

solo n. m.
Un **solo** est un morceau de musique joué ou chanté par un seul artiste.

solution n. f.
Une **solution** est ce qui permet de régler un problème, la réponse à une question.

somme n. f.
1. La **somme** est le résultat d'une addition. *Douze est la somme de sept et cinq.*
2. Une **somme** d'argent est une certaine quantité d'argent. *Maman n'aime pas sortir avec une grosse somme d'argent dans son sac.*

A B C D E F G H I J K L M N O P Q R S T U V W X Y Z

sommet n. m.
Le **sommet** est le point le plus haut de quelque chose.
Contraire : **pied**

le sommet

son n. m.
Les **sons** sont tout ce que l'on peut entendre.

sonner v.
[je sonne, il sonne, nous sonnons]
1. Quand le téléphone **sonne**, il fait entendre un bruit pour avertir que quelqu'un appelle. *Le téléphone **a sonné** plusieurs fois ce matin.*
2. **Sonner**, c'est aussi faire fonctionner une sonnerie. ***Sonnez** trois coups, puis entrez.*

sorcier n. m., **sorcière** n. f.
Dans les histoires, les **sorcières** sont de méchantes femmes dotées de pouvoirs magiques pour accomplir des choses extraordinaires.

sorte n. f.
Les choses qui sont d'une même **sorte** se ressemblent ou font partie du même groupe. *Le papillon est une **sorte** d'insecte.*

sortie n. f.
1. La **sortie** est l'endroit par où on sort.
2. Quand tu fais une **sortie**, tu visites un endroit, souvent pour la journée. *L'école a organisé une **sortie** au zoo.*

sortir
[je sors, il sort, nous sortons]
Sortir, c'est aller à l'extérieur d'un lieu, aller dehors.
Contraire : **entrer**

soucoupe n. f.
1. Une **soucoupe** est une petite assiette qu'on met sous une tasse.
2. Une **soucoupe volante** est l'appareil dans lequel volent les extraterrestres, s'ils existent.

soudain adv.
Ce qui arrive **soudain** arrive tout d'un coup, sans qu'on s'y attende. *Soudain, il s'est mis à pleuvoir.*

souffler v.
[je souffle, il souffle, nous soufflons]
1. Quand tu **souffles**, tu expulses de l'air par la bouche ou par le nez. *Anne **a soufflé** dans ses mains pour les réchauffer.*
2. Lorsque le vent **souffle**, il y a un déplacement d'air. *Le vent **soufflait** et a emporté le journal de papa.*

souffrir v.
[je souffre, il souffre, nous souffrons]
Souffrir, c'est avoir mal. *Je me suis tordu la cheville et je **souffre** quand je pose mon pied par terre.*

souhaiter v.
[je souhaite, il souhaite, nous souhaitons]
Quand tu **souhaites** une chose, tu veux vraiment qu'elle arrive. *René **souhaite** que son chien guérisse vite.*

soulever v.
[je soulève, il soulève, nous soulevons]
Quand tu **soulèves** un objet, tu le prends dans tes mains et le déplaces vers le haut. *Jonathan **soulève** le chaton jusqu'à la hauteur de ses yeux.*

souligner v.
[je souligne, il souligne, nous soulignons]
Quand tu **soulignes** un mot dans un texte, tu tires un trait dessous.

soupe n. f.
La **soupe** est un mets qu'on mange généralement chaud. La **soupe** est faite avec de la viande ou des légumes et du bouillon.
Autre mot : **potage**

soupirer v.
[je soupire, il soupire, nous soupirons]
Quand tu **soupires**, tu laisses sortir de l'air de ta bouche en faisant un bruit particulier. En général, on **soupire** parce qu'on est triste ou fatigué.

souple adj.
1. Ce qui est **souple** peut être plié facilement, sans casser.
Autre mot : **flexible**
Contraire : **rigide**
2. Tu es **souple** si tu peux facilement plier et faire bouger ton corps.
Autre mot : **agile**

sourcil n. m.
Un **sourcil** est une ligne de poils au-dessus de l'œil. *Froncer les **sourcils**.*

sourd, sourde adj.
Les personnes **sourdes** entendent mal ou n'entendent pas du tout.

sourire v.
[je souris, il sourit, nous sourions]
Quand tu **souris**, les coins de ta bouche se relèvent. On **sourit** quand on est heureux ou quand on trouve une chose drôle.

souris n. f.
1. Une **souris** est un petit animal à fourrure qui a une longue queue et des dents tranchantes. *Les **souris** se sont amusées dans le champ de maïs.*

2. Une **souris** est aussi un petit appareil qu'on utilise pour bouger un point désigné sur un écran d'ordinateur.

sournois, sournoise adj.
Une personne **sournoise** cache ses sentiments, souvent dans l'intention de faire du mal.
Autre mot : **hypocrite**
Contraire : **franc**

sous prép.
1. Si le chien est **sous** la table, il se trouve en dessous de celle-ci.
Contraire : **sur**
2. Quand tu nages **sous l'eau**, tu te trouves sous la surface de celle-ci. *Karine est capable de mettre sa tête **sous l'eau**.*

sous-bois n. m.
Un **sous-bois** est l'ensemble des plantes qui poussent sous les arbres d'une forêt.

sous-marin n. m.
Un **sous-marin** est un engin capable de naviguer sous l'eau. *Je rêve de monter à bord d'un petit **sous-marin** pour aller observer les poissons.*

soustraction n. f.
Quand tu fais une **soustraction**, tu retranches un nombre d'un autre. *Corinne a fait une **soustraction** : elle a retranché 7 de 12 et a obtenu 5.*
Contraire : **addition**

12-7=5

sous-vêtement n. m.
Un **sous-vêtement** est un vêtement que l'on porte sous les autres vêtements. Les culottes et les soutiens-gorge sont des **sous-vêtements**.

soutenir v.
[je soutiens, il soutient, nous soutenons]
Quand tu **soutiens** une chose, tu la tiens par-dessous. *Quand on tient un tout petit bébé, il faut toujours lui **soutenir** la tête.*

souterrain n. m.
Un **souterrain** est un passage, une galerie sous terre.

souterrain, souterraine adj.
Une chose **souterraine** est sous terre. *Les lapins sauvages vivent dans des galeries **souterraines**.*

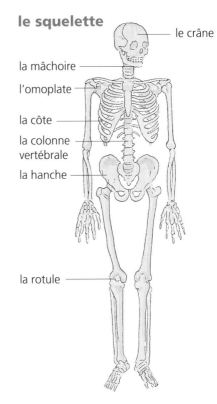

souvenir (se) v.
[je me souviens, il se souvient, nous nous souvenons]
Quand tu **te souviens** d'une chose, tu penses de nouveau à cette chose qui appartient au passé.
Autre mot : **se rappeler**
Contraire : **oublier**

souvent adv.
Souvent signifie fréquemment, de manière régulière. *L'hiver, je vais **souvent** patiner.*

spaghettis n. m. pl.
Les **spaghettis** sont des pâtes fines et longues. *J'adore les **spaghettis** à la sauce tomate.*

spécial, spéciale adj.
Ce qui est **spécial** est particulier ou fait exception. *Un repas **spécial**.*

spectacle n. m.
Un **spectacle** est une représentation devant un public. Un film, une pièce de théâtre sont des **spectacles**.

sport n. m.
Un **sport** est une activité physique exercée pour s'amuser et faire de l'exercice. Le football et le tennis sont des **sports**.

squelette n. m.
Un **squelette** est l'ensemble des os du corps d'une personne ou d'un animal.

le squelette

le crâne
la mâchoire
l'omoplate
la côte
la colonne vertébrale
la hanche
la rotule

stable adj.
Ce qui est **stable** ne bouge pas ou ne se renverse pas. *Si on reste assis dans le canot, il reste **stable**.*

stade n. m.
Un **stade** est un grand terrain où l'on pratique des sports.

star n. f.
Une **star** est une personne célèbre, comme un acteur ou une chanteuse.

statue n. f.
Une **statue** est une sculpture représentant une personne ou un animal en entier. Les **statues** sont en pierre, en métal ou autre matériau dur.

stupéfait, stupéfaite adj.
Une personne **stupéfaite** est très étonnée. *Je suis **stupéfaite** de votre réaction.*

A B C D E F G H I J K L M N O P Q R **S** T U V W X Y Z

stupide adj.
Ce qui est **stupide** est bête,
contraire au bon sens.
Autres mots : **bête**, **idiot**

stylo n. m.
On utilise un **stylo** pour écrire
ou dessiner. Les **stylos** sont en
plastique ou en métal. Il y a
des **stylos** à encre et des **stylos**
à bille.

subit, subite adj.
Ce qui est **subit** se produit de façon
soudaine. *Il y a eu un changement
subit dans son attitude.*

sucette n. f.
Une **sucette** est
un bonbon fixé
à l'extrémité
d'un bâtonnet.

sucre n. m.
On met du **sucre** dans la nourriture
ou les boissons pour leur donner un
goût plus doux. Les grains de **sucre**
sont blancs ou roux.

sucré, sucrée adj.
Une chose **sucrée** a un goût qui
se rapproche de celui du sucre.
Un fruit mûr est très sucré.

sud n. m.
Le **sud** est un point cardinal. Si tu
fais face au soleil quand il se lève,
le **sud** est à ta droite.

suer v.
[je sue, il sue, nous suons]
Suer, c'est être en sueur.

sueur n. f.
La **sueur** est un liquide salé qui sort
de la peau quand on a très chaud
ou très peur.

suivant, suivante adj.
La chose ou la personne **suivante**
est celle qui vient juste après.
Autre mot : **prochain**

suivre v.
[je suis, il suit, nous suivons]
1. Quand tu **suis** quelqu'un,
tu marches derrière lui.
2. **Se suivre**. Des choses qui
se suivent viennent les unes après
les autres. *Les jours se suivent mais
ne se ressemblent pas.*

sujet n. m.
Un **sujet** est une matière dont on
parle ou sur laquelle on écrit.
*Le sujet de notre exposé est la
météorologie. Les extraterrestres,
voilà le sujet du livre que je lis.*

supérieur, supérieure adj.
Ce qui est **supérieur** est au-dessus
ou occupe une place plus
importante.

supermarché n. m.
Un **supermarché** est un grand
magasin où on vend des produits
alimentaires et d'entretien.

supposer v.
[je suppose, il suppose,
nous supposons]
Quand tu **supposes** une chose,
tu penses qu'elle est possible.
*Je suppose que tu vas encore
arriver en retard !*

sur prép.
1. **Sur** signifie dessus. *Mets tes
mains sur la table.*
Contraire : **sous**
2. **Sur** signifie à propos de. *Louis a
acheté un livre sur les chats.*

sûr, sûre adj.
1. Être **sûr** de quelque chose, c'est
savoir qu'on ne se trompe pas.
Autre mot : **certain**
2. Quelqu'un de **sûr** est quelqu'un en
qui on peut avoir confiance. *Marie est
une amie sûre, je peux tout lui dire.*
3. Un quartier qui n'est pas **sûr**
est un quartier où il peut y avoir
du danger.

surface n. f.
Une **surface** est la partie extérieure
d'un objet. *La surface de la table est
toute rayée.*

surgelé, surgelée adj.
Un produit **surgelé** a été soumis
à une température très froide pour
le conserver. *Jasmine a rempli le
congélateur de produits surgelés.*

surnom n. m.
Un **surnom** est un petit nom que
l'on donne à ses amis. *Le surnom
de Théophile est Toto et celui de
Claude est Cloclo.*
Autre mot : **sobriquet**

Tt

surprenant, surprenante adj.
Ce qui est **surprenant** est inattendu ou étonnant.

surprise n. f.
Une **surprise** est un événement inattendu.

surveiller v.
[je surveille, il surveille, nous surveillons]
1. Observer attentivement afin de contrôler. *Elle me **surveille** du matin au soir.*
2. Quand tu **surveilles** quelqu'un ou quelque chose, tu l'observes afin d'éviter un accident. *À la gare, il faut **surveiller** ses bagages.*

survêtement n. m.
Un **survêtement** comprend un haut et un pantalon confortables. *On porte un **survêtement** pour faire du sport.*

suspendre v.
[je suspends, il suspend, nous suspendons]
1. Si tu **suspends** un objet, tu le fais tenir de manière à ce qu'il pende. *Lucille **a suspendu** son manteau à un cintre.*
2. **Se suspendre**. *Esthel **s'est suspendue** à la barre par les pieds.*

synonyme n. m.
Un **synonyme** est un mot qui a le même sens qu'un autre. Roche et pierre sont des **synonymes**.

synthétique adj.
Ce qui est **synthétique** est artificiel, fabriqué par l'homme. *Le nylon est une matière **synthétique**.*

tableau n. m.
1. Un **tableau** est un panneau sur lequel on écrit à la craie.
2. Un **tableau** est une peinture ou un dessin qu'on accroche au mur.
3. Un **tableau** est une liste de renseignements.

tablier n. m.
On met un **tablier** lorsqu'on fait la cuisine ou de la peinture, pour ne pas salir ses vêtements.

tabouret n. m.
Un **tabouret** est un siège sans bras ni dossier.

tache n. f.
1. Une **tache** est un endroit sale sur quelque chose.
2. Les **taches de rousseur** sont des points brun pâle sur la peau. *Le nez de Lola est couvert de **taches de rousseur**.*

tâche n. f.
Une **tâche** est un travail que l'on doit faire. *Les **tâches** quotidiennes.*

taille n. f.
1. La **taille** est la partie du corps plus ou moins resserrée, entre la poitrine et les hanches.
2. La **taille** est aussi la hauteur d'une personne. *Emma mesure la **taille** de Guy pour voir s'il a grandi.*
3. Lorsque tu achètes un vêtement, tu regardes sa **taille**.

tailler v.
[je taille, il taille, nous taillons]
Quand tu **tailles** un crayon, tu lui donnes une forme pointue pour en dégager la mine.

taire (se) v.
[je me tais, il se tait, nous nous taisons]
Se taire, c'est rester sans parler, garder le silence. *Valérie **se tait** lorsque la pièce de théâtre commence.*

talent n. m.
Un **talent** est une aptitude particulière pour quelque chose. *Sarah a du **talent** pour le dessin.*

talon n. m.
Le **talon** est la partie arrière du pied.

tambour n. m.
Un **tambour** est un instrument de musique formé d'une ou plusieurs peaux tendues sur un cadre cylindrique. On frappe la peau avec les mains ou des baguettes.

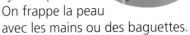

tante n. f.
1. Ta **tante** est la sœur de ta mère ou de ton père.
2. L'épouse de ton oncle est aussi ta **tante**.

taper v.
[je tape, il tape, nous tapons]
1. **Taper du pied**. Quand tu **tapes du pied**, tu frappes le sol avec ton pied.
2. Quand tu **tapes** un texte, tu l'écris au moyen d'un ordinateur ou d'une machine à écrire.

tapis n. m.
Un **tapis** est un tissu épais qu'on met sur le sol.

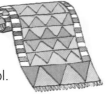

A B C D E F G H I J K L M N O P Q R S T U V W X Y Z

tapoter v.
[je tapote, il tapote, nous tapotons]
Tapoter signifie frapper légèrement à petits coups répétés. *Léo* ***tapote*** *la tête de son chien Cachou, qui a remporté un prix à un concours canin.*

tard adv.
Tard signifie à la fin d'une période, d'un temps. *Nous sommes arrivés à la maison* ***tard*** *dans la soirée.*
Contraire : **tôt**

tarte n. f.
Une **tarte** est une pâtisserie faite d'une pâte garnie de fruits.

tartiner v.
[je tartine, il tartine, nous tartinons]
Quand tu **tartines** une tranche de pain, tu étales du beurre, du miel ou de la confiture dessus.

tas n. m.
Un **tas** est un amas d'objets mis les uns sur les autres. *J'ai planté un petit drapeau dans le* ***tas*** *de sable.*

tasse n. f.
On boit certaines boissons, comme le café ou le thé, dans une **tasse**. Les **tasses** sont rondes et ont une anse sur le côté.

taureau n. m.
Le **taureau** est le mâle de la vache. Contrairement aux bœufs, les **taureaux** peuvent faire des petits.

taxi n. m.
Quand on prend un **taxi**, on paie le chauffeur pour qu'il nous emmène là où on veut dans sa voiture.

tee-shirt n. m.
Un **tee-shirt** est un vêtement qu'on porte sur le haut du corps. Il a souvent des manches courtes et un col rond.
On écrit aussi : **t-shirt**

télécommande n. f.
Une **télécommande** est un dispositif qui commande un appareil à distance. *La* ***télécommande*** *permet de changer de chaîne de télévision sans se déplacer.*

téléguidé, téléguidée adj.
Un objet **téléguidé** est un objet que l'on peut faire fonctionner à distance. *Arthur dirige sa voiture* ***téléguidée***.

téléphone n. m.
Un **téléphone** est un appareil qui permet de parler à quelqu'un qui est loin.

téléphoner v.
[je téléphone, il téléphone, nous téléphonons]
Quand tu **téléphones** à quelqu'un, tu l'appelles par téléphone pour lui parler.

télescope n. m.
Un **télescope** permet d'observer des objets éloignés dans le ciel. On utilise un **télescope** pour regarder les étoiles.

télévision n. f.
La **télévision** est l'appareil qui reçoit des signaux par les airs et les tranforme en images et en sons.
Autres mots : **télé**, **téléviseur**

température n. f.
La **température** d'une chose ou d'un lieu est son degré de chaleur ou de froid. *L'eau de la piscine est à une* ***température*** *de 20 degrés.*

tempête n. f.
Quand il y a une **tempête**, le vent souffle très fort en rafales et, souvent, il pleut ou il neige. *À cause de la* ***tempête***, *l'école a été fermée pendant deux jours.*

temporaire adj.
Ce qui est **temporaire** ne dure qu'un certain temps. *L'absence de Julien n'est que* ***temporaire***, *il revient à l'école lundi prochain.*

temps n. m.
1. Le **temps** se compte en secondes, en minutes, en heures et en jours.
2. Le **temps**, c'est aussi s'il fait beau ou mauvais, froid ou chaud.

tendre v.
[je tends, il tend, nous tendons]
1. Quand tu **tends** une partie de ton corps, tu l'avances ou l'allonges. *Papa m'* ***a tendu*** *la main pour m'aider à sauter le ruisseau.*
2. Quand tu **tends** un objet à quelqu'un, tu le lui présentes. *La bibliothécaire m'* ***a tendu*** *un livre d'images.*

tenir v.
[je tiens, il tient, nous tenons]
1. Quand tu **tiens** quelque chose, tu l'as dans tes mains ou dans tes bras. *Benoît* ***tient*** *fermement sa batte de baseball.*
Contraire : **lâcher**
2. **Tenir à** quelque chose, c'est le vouloir absolument. *Je* ***tiens à*** *ce que tu viennes à mon goûter d'anniversaire.*
3. **Tenir à** quelqu'un ou à quelque chose, c'est l'aimer beaucoup. *Stéphanie* ***tient à*** *son vieux manteau.*

tennis n. m.
Le **tennis** est un sport dans lequel deux ou quatre joueurs se renvoient une balle par-dessus un filet avec des raquettes.

tennis n. m. ou f.
Les **tennis** sont des chaussures confortables qu'on porte pour jouer au tennis ou faire d'autres sports.

tente n. f.
Une **tente** est un abri démontable fait d'une toile solide tendue sur des tubes avec des cordes. *En camping, nous dormons sous la **tente**.*

terminer v.
[je termine, il termine, nous terminons]
Quand tu **termines** une chose, tu la finis. *Angélique **a terminé** ses devoirs et peut aller jouer.*
Autre mot : **finir**
Contraire : **commencer**

terne adj.
Une couleur **terne** n'est pas vive.

terrain n. m.
Un **terrain** est une étendue de terre.

terre n. f.
1. Les plantes poussent dans la **terre**.
2. La **Terre** est la planète sur laquelle nous vivons.

terrible adj.
1. Ce qui est **terrible** fait très peur. *Le monstre fait des choses **terribles**.*
Autre mot : **effrayant**
2. Un vent **terrible** souffle très fort.

têtard n. m.
Le **têtard** est le petit de la grenouille. Un **têtard** provient d'un œuf et vit dans l'eau.

tête n. f.
La **tête** est la partie du corps qui porte les cheveux, les yeux, la bouche et le nez, et qui contient le cerveau.

thé n. m.
Le **thé** est une boisson. On fait le **thé** en versant de l'eau bouillante sur des feuilles de **thé** séchées souvent mises en sachet.

théâtre n. m.
1. Un **théâtre** est une salle ou un bâtiment où on joue des pièces.
2. Faire du **théâtre**, c'est jouer une pièce.
3. Une **pièce de théâtre** est une histoire qui se joue au théâtre avec des acteurs.

théière n. f.
Une **théière** est un récipient dans lequel on fait le thé. Une **théière** a une poignée, un couvercle et un bec.

thermomètre n. m.
Un **thermomètre** est un petit instrument qui sert à mesurer la température.

ticket n. m.
Un **ticket** est un petit morceau de papier ou de carton qui donne le droit d'entrer dans un lieu, dans un véhicule public. *Un **ticket** d'autobus.*
Autre mot : **billet**

tic-tac n. m.
Le **tic-tac** est le bruit que fait une montre ou une horloge.
On écrit aussi : **tic tac**

tige n. f.
La **tige** est la partie allongée d'une plante qui porte les feuilles et les fleurs.

tigre n. m.
Un **tigre** est un grand chat sauvage. Il a une fourrure jaune roux avec des rayures noires.

timbre n. m.
Un **timbre** est un morceau de papier portant une image sur une face et enduit de colle sur l'autre. On colle les **timbres** sur les lettres et les colis pour montrer qu'on a payé ce qu'il faut pour les envoyer par la poste.

timide adj.
Une personne **timide** trouve difficile de parler aux gens qu'elle ne connaît pas.

tirer v.
[je tire, il tire, nous tirons]
1. **Tirer** une chose, c'est l'amener vers soi. *Tire la porte pour l'ouvrir.*
Contraire : **pousser**
2. On **tire** une flèche avec un arc. On **tire** des traits avec une règle. On **tire** un mouchoir de sa poche.

tiroir n. m.
Un **tiroir** est un compartiment d'un meuble que l'on peut tirer. On garde des vêtements et des objets dans un **tiroir**.

A B C D E F G H I J K L M N O P Q R S T U V W X Y Z

tissu n. m.
On utilise du **tissu** pour faire des vêtements et des rideaux. Le **tissu** peut être en laine, en coton ou autres matières.

titre n. m.
Un **titre** est le nom d'un livre, d'un film ou d'une émission de télévision.

toboggan n. m.
Un **toboggan** est une piste inclinée sur laquelle on se laisse glisser.

toile n. f.
Une **toile** d'araignée est un mince filet fait par une araignée. Elle lui sert à attraper des insectes.

toilette n. f.
1. Faire sa **toilette**, c'est se laver. *Le chat fait sa **toilette** en se léchant.*
2. Les **toilettes**, c'est l'endroit où on fait ses besoins. Autres mots : **cabinets**, **W.-C.**

toit n. m.
Le **toit** est la couverture d'un bâtiment.

tomate n. f.
La **tomate** est un fruit rouge juteux. On la mange souvent en salade.

tomber v.
[je tombe, il tombe, nous tombons]
Quand tu **tombes**, tu te retrouves brusquement par terre après avoir perdu l'équilibre. *Damien **est tombé** de l'échelle.*

tonneau n. m.
Un **tonneau** est un récipient dans lequel on conserve du vin, par exemple. Il a une forme arrondie et est plat dessus et dessous.

tonnerre n. m.
Le **tonnerre** est le bruit sourd qu'on entend lorsqu'il y a un orage.

torchon n. m.
Un **torchon** est un morceau de toile avec lequel on essuie la vaisselle.

tordre v.
[je tords, il tord, nous tordons]
Quand tu **tords** une chose, tu en tournes les bouts dans le sens contraire.

tortue n. f.
Une **tortue** est un animal à peau épaisse et écailleuse, qui porte une carapace sur son dos. Les **tortues** marchent très lentement. Elles vivent sur terre ou dans la mer.

tôt adv.
1. **Tôt** signifie au bout de peu de temps.
2. **Tôt** veut dire aussi au début d'une portion de temps. *Nous sommes partis **tôt** le matin.*
Contraire : **tard**

total n. m.
Le **total**, c'est toute la quantité.

total, totale adj.
Ce qui est **total** est complet. *C'est un échec **total**.*

touche n. f.
Une **touche** de piano est blanche ou noire. On appuie sur les **touches** du clavier d'un ordinateur.

toucher v.
[je touche, il touche, nous touchons]
Quand tu **touches** un objet, tu le sens avec une partie de ton corps. La plupart du temps, on **touche** les objets avec ses mains.

toujours adv.
1. **Toujours** signifie tout le temps, à chaque fois. *Avant d'aller au lit, je lis **toujours** une histoire.*
Contraire : **jamais**
2. **Toujours** signifie aussi sans arrêt. *Cette musique continue **toujours**.*
3. **Pour toujours** signifie définitivement. *Je te donne mon jouet **pour toujours**.*

tour n. m.
1. Un **tour**, c'est un mouvement complet sur soi-même.
2. Aller **faire un tour** signifie aller se promener.
3. **Faire un tour** de manège, c'est monter sur le manège et y rester jusqu'à ce qu'il s'arrête.
4. **Chacun son tour** signifie un à un, dans un certain ordre.
5. **Jouer un tour** à quelqu'un, c'est lui faire une plaisanterie.
6. **Faire le tour** d'une chose, c'est en suivre le bord, du début à la fin. *Je **fais le tour** de la patinoire.*

tour n. f.
Une **tour** est un grand bâtiment généralement rond et haut.

tourner v.
[je tourne, il tourne, nous tournons]
1. Quand tu **tournes**, tu changes de direction. *Au feu rouge, vous devez **tourner** à droite.*
2. Ce qui **tourne** a un mouvement circulaire.

tournesol n. m.
Le **tournesol** est une très grande fleur qui a un gros cœur et des pétales jaunes.

tousser v.
[je tousse, il tousse, nous toussons]
Quand tu **tousses**, de l'air sort du fond de ta gorge en faisant du bruit. On **tousse** quand on a la grippe.

tout n. m.
Le **tout** est l'ensemble des choses dont on parle. *Vendez le **tout**.*

tout, toute adj.
Tout signifie tout entier, au complet. *J'ai mangé **toute** ma pomme.*

tout adv.
Tout signifie complètement. *Thomas est **tout** content.*

trace n. f.
Une **trace** est une marque qu'on laisse sur son passage. *Je laisse la **trace** de mes pieds sur la neige.* Autre mot : **empreinte**

tracteur n. m.
Un **tracteur** est un véhicule puissant avec de grosses roues arrière. On utilise des **tracteurs** dans les fermes pour tirer des machines et de lourdes charges.

train n. m.
Un **train** transporte des gens et des marchandises le long d'une voie ferrée.

traîneau n. m.
Un **traîneau** est un véhicule muni de patins tiré par un animal, comme un cheval ou un renne, et qui glisse sur la neige.

traîner v.
[je traîne, il traîne, nous traînons]
Quand tu **traînes** un objet, tu le tires derrière toi en le faisant glisser par terre. *Denise **traîne** sa luge sur la neige.*

traiter v.
[je traite, il traite, nous traitons]
Quand on **traite** bien quelqu'un, on se conduit bien envers lui. *Léna **traite** toujours sa petite sœur avec patience.*

trajet n. m.
Un **trajet** est le chemin que l'on parcourt pour aller d'un endroit à un autre. *L'autobus fait toujours le même **trajet**. Nous avons fait un long **trajet** avant d'arriver ici.*

trampoline n. m.
Un **trampoline** est un grand morceau de toile fixé à un cadre avec des ressorts. *J'adore sauter très haut sur le **trampoline**.*

tramway n. m.
Un **tram** ou **tramway** est une voiture qui circule sur des rails dans une ville.

tranchant, tranchante adj.
Un objet **tranchant** a un côté qui peut couper facilement. *Le couteau est **tranchant**.*
Contraire : **émoussé**

tranquille adj.
1. Une personne **tranquille** ne bouge pas beaucoup, fait peu de bruit.
2. Un endroit **tranquille** est calme.
Contraires : **agité**, **bruyant**, **excité**

transparent, transparente adj.
Tu peux voir à travers quelque chose de **transparent**. Le verre et l'eau sont **transparents**.

transpirer v.
[je transpire, il transpire, nous transpirons]
Quand tu **transpires**, de la sueur sort par les pores de ta peau. Quand on a chaud ou qu'on est anxieux, on **transpire**.

transplanter v.
[je transplante, il transplante, nous transplantons]
On **transplante** une plante quand on la sort de terre et qu'on la plante ailleurs.

transport n. m.
Un moyen de **transport** est tout véhicule qui transporte des personnes et des marchandises d'un endroit à un autre. La bicyclette, le train et la voiture sont des moyens de **transport**.

transporter v.
[je transporte, il transporte, nous transportons]
Quand tu **transportes** un objet, tu l'emportes quelque part avec toi. *Jean **transporte** sa valise jusqu'à la gare.*

A B C D E F G H I J K L M N O P Q R S **T** U V W X Y Z

travail n. m.

1. Un **travail**, c'est une tâche qu'on a à faire. *Je ne peux pas aller jouer, j'ai du travail.*
2. Un **travail** est une activité qui permet de gagner de l'argent. *Ma mère a un travail à temps partiel.*

travailler v.

[je travaille, il travaille, nous travaillons]
1. Quand on **travaille**, on exerce un métier ou bien une activité professionnelle qui permet de gagner de l'argent. *Maman travaille dans un hôpital.*
2. Quand tu **travailles**, tu mets beaucoup d'ardeur à faire quelque chose. *Zoé travaille bien à l'école.*

travers n. m.

À **travers** signifie d'un côté à l'autre. *Passer à travers champs.*

traverser v.

[je traverse, il traverse, nous traversons]
Quand tu **traverses** une rue, tu passes d'un côté à l'autre.

traversin n. m.

Un **traversin** est un coussin cylindrique qui fait la largeur du lit.

trébucher v.

[je trébuche, il trébuche, nous trébuchons]
Quand tu **trébuches** sur une chose, tu la frappes de ton pied et tu perds l'équilibre. *Coralie a trébuché sur le camion de son petit frère.*

tremblement n. m.

1. Un **tremblement** est le mouvement de ce qui tremble. *Le tremblement des feuilles.*
2. Lors d'un **tremblement de terre**, le sol bouge et se fend, et les bâtiments s'écroulent parfois.

trembler v.

[je tremble, il tremble, nous tremblons]
Quand tu **trembles**, tu frissonnes à cause du froid ou de la peur. *J'ai tremblé de peur durant tout le film La Nuit des vampires.*

trempé, trempée adj.

Si tu es **trempé**, tu es très mouillé. *Trempé jusqu'aux os.*

très adv.

Très signifie beaucoup, énormément. *Je suis très content de partir en vacances.*

trésor n. m.

Un **trésor** est un ensemble d'objets qui ont beaucoup de valeur, comme de l'or et des pierres précieuses. *Les pirates ont enterré un trésor.*

triangle n. m.

1. Un **triangle** est une forme avec trois côtés droits.
● *Voir **les formes** à la page 48*
2. Un **triangle** est aussi un instrument de musique en métal qui a la forme d'un triangle. On joue du **triangle** en le frappant avec une baguette de métal.
● *Voir **les instruments de musique** à la page 59*

tricher v.

[je triche, il triche, nous trichons]
Quand tu **triches**, tu ne respectes pas les règles afin de gagner à un jeu ou d'obtenir ce que tu veux. *René triche toujours aux cartes.*

tricot n. m.

1. Un **tricot** est un gilet ou un chandail en laine tricotée.
2. **Faire du tricot**, c'est tricoter avec des aiguilles et de la laine.

tricoter v.

[je tricote, il tricote, nous tricotons]
Tricoter, c'est confectionner des vêtements avec des aiguilles et de la laine. *Mimi tricote une écharpe pour sa poupée.*

tricycle n. m.

Un **tricycle** est un petit vélo à trois roues, dont deux à l'arrière.

trimestre n. m.

Un **trimestre** est une période de trois mois. *Josée a bien travaillé à l'école ce trimestre.*

trio n. m.

Un **trio** est un groupe de trois personnes. *Mes parents disent que ma sœur, mon frère et moi formons un fameux trio de clowns.*

triste adj.

Une personne **triste** est malheureuse, elle a de la peine. Autres mots : **déprimé**, **désolé**, **fâché**, **navré**
Contraires : **gai**, **heureux**, **joyeux**

triton n. m.

Un **triton** est un animal à petites pattes et à longue queue aplatie. Les **tritons** vivent sur terre et pondent leurs œufs dans l'eau.

trompe n. f.

La **trompe** est le long nez de l'éléphant. Les éléphants utilisent leur **trompe** pour aspirer de l'eau ou pour attraper des objets.

la trompe

trompette n. f.
Une **trompette** est un instrument de musique en métal. On joue de la **trompette** en soufflant dedans.
● *Voir* **les instruments de musique** *à la page 59*

tronc n. m.
Le **tronc** est la grosse tige d'un arbre entre les racines et les branches.

trop adv.
Trop signifie plus qu'il ne faut. *La musique est **trop** forte.*

trophée n. m.
Un **trophée** est un objet que tu reçois quand tu as bien fait quelque chose. *Notre équipe a gagné le **trophée** de natation.*

trottoir n. m.
Un **trottoir** est le chemin en béton le long d'une rue. On marche sur le **trottoir**.

trou n. m.
1. Un **trou** est un creux ou un endroit vide.
2. Un **trou** est aussi un accroc dans un vêtement. *Il y a un **trou** à ton pantalon.*

troublé, troublée adj.
Si tu es **troublé**, tu es ému, embarrassé, tu ne sais pas quoi dire.

troupeau n. m.
Un **troupeau** est un groupe d'animaux qui vivent ensemble. Vaches, éléphants et moutons vivent en **troupeaux**.

truc n. m.
Un **truc** est un moyen, une astuce. *Il y a un **truc** pour gagner à ce jeu.*

truie n. f.
La **truie** est la femelle du porc.

tube n. m.
1. Un **tube** est une longue pièce creuse en forme de cylindre, en métal, en plastique ou en caoutchouc.
2. Un **tube** est aussi un emballage cylindrique pour substances molles, comme du dentifrice. On presse sur le **tube** pour faire sortir ce qu'il contient.

tuer v.
[je tue, il tue, nous tuons]
Tuer, c'est faire mourir. *Le froid **a tué** toutes les tulipes.*

tunnel n. m.
Un **tunnel** est un long passage souterrain. *Soudain, le train est entré dans un **tunnel** et le paysage a disparu.*

turban n. m.
Un **turban** est un long morceau de tissu que certaines personnes portent enroulé autour de la tête.

turbulent, turbulente adj.
Les enfants **turbulents** font toujours beaucoup de bruit en jouant.

tutu n. m.
Un **tutu** est une jupe en tulle, parfois courte, parfois longue, portée par les danseuses de ballet. *Je porterai un **tutu** lilas pour le spectacle de danse.*

tuyau n. m.
Un **tuyau** est un long tube qui transporte un gaz ou un liquide. *Le jardinier arrose les fleurs avec un **tuyau** d'arrosage.*

U u

uniforme n. m.
Un **uniforme** est un ensemble de vêtements porté par tous les membres d'un même groupe. *Un **uniforme** de soldat.*

unité n. f.
Une **unité** est une grandeur fixe qui sert à mesurer d'autres grandeurs de même espèce. *La minute est une **unité** de temps. Le kilogramme est une **unité** de poids.*

univers n. m.
L'**univers** est tout ce qu'il y a dans l'espace. La Terre, le Soleil, la Lune et les étoiles font partie de l'**univers**. L'**univers** est immense.

urgence n. f.
Une **urgence** est un problème grave qui se pose subitement. Il faut agir vite lorsqu'il y a une **urgence**.

urgent, urgente adj.
Ce qui est **urgent** doit être fait tout de suite, sans attendre.

user (s') v.
[il s'use, ils s'usent]
Une chose qui **s'use** s'abîme à force d'être utilisée. *Les chaussures de Jeanne **s'usent** trop vite !*

usine n. f.
Une **usine** est un endroit où on fabrique des objets en très grandes quantités à l'aide de machines. *Les voitures sont fabriquées en **usine**.*

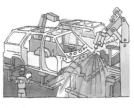

utile adj.
Un objet **utile** nous aide à faire quelque chose. *L'automobile est **utile** pour se déplacer rapidement.*

utiliser v.
[j'utilise, il utilise, nous utilisons]
Si tu **utilises** une chose, tu t'en sers.

A B C D E F G H I J K L M N O P Q R S **T** **U** V W X Y Z

Vv

vacances n. f. pl.
Les **vacances**, c'est le moment de l'année où tu n'as pas à aller à l'école et où les adultes ne vont pas travailler. Les gens passent souvent leurs **vacances** loin de chez eux.

vache n. f.

La **vache** est un grand animal de la ferme. On l'élève pour son lait et sa viande.

vague n. f.
Une **vague** est une masse d'eau qui monte et qui descend à la surface de la mer. *Les enfants ont sauté dans les vagues.*

vaisseau n. m.

Un **vaisseau** spatial est un véhicule qui sert à voyager dans l'espace. Il transporte les astronautes et leur équipement.

valable adj.
Ce qui est **valable** est acceptable, sérieux. *Cette information est valable; je la transmets aux policiers.*

valeur n. f.
1. La **valeur** d'un objet est combien il coûte, combien il vaut.
2. Un **objet de valeur** est un objet de grand prix.

valise n. f.
On transporte ses vêtements dans une **valise** quand on voyage.

vallée n. f.
Une **vallée** est un espace allongé et creux entre deux collines ou deux montagnes. *Les rivières coulent dans des vallées.*

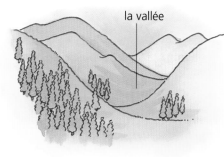
la vallée

vanter (se) v.
[je me vante, il se vante, nous nous vantons]
Quand tu **te vantes**, tu parles de toi en exagérant ce que tu as fait. *Charlotte se vantait d'avoir plongé d'une hauteur de dix mètres.*

vapeur n. f.
La **vapeur** est un ensemble de gouttelettes d'eau très fines et très légères. *Quand l'eau bout, elle se transforme en vapeur.*

varicelle n. f.
La **varicelle** est une maladie contagieuse. Si tu as la **varicelle**, des taches rouges apparaissent sur ta peau et tu as de la fièvre.

vase
n. m.

Un **vase** est un récipient. On peut mettre des fleurs dans un **vase** ou l'utiliser comme décoration.

veau n. m.
Le **veau** est le petit de la vache. C'est aussi la viande de cet animal.

végétarien n. m., végétarienne n. f.
Un **végétarien** est une personne qui ne mange ni viande, ni poisson.

véhicule n. m.
Un **véhicule** est un engin à roues qui transporte des personnes ou des marchandises d'un endroit à un autre. Les bicyclettes, les autos et les trains sont des **véhicules**.

vélo n. m.
Un **vélo** est une bicyclette. *Je me rends à l'école à vélo.*

velours n. m.
Le **velours** est un tissu très doux et épais dont on se sert pour confectionner des vêtements et des rideaux.

vendre v.
[je vends, il vend, nous vendons]
Quand tu **vends** quelque chose à quelqu'un, tu le lui donnes en échange d'une somme d'argent. Contraire : **acheter**

venir v.
[je viens, il vient, nous venons]
1. Quand un ami **vient** vers toi, il se déplace vers toi.
2. **Venir** signifie provenir de. *Ce bracelet vient de l'Inde. Cet avion vient de Chine.*

vent n. m.
Le **vent** est de l'air qui se déplace rapidement. *Le vent a emporté mon chapeau.*

vente n. f.
1. La **vente** est l'action de vendre.
2. Ce qui est **en vente** peut être acheté.

ver n. m.
Un **ver** est un petit animal à long corps mince sans pattes. Les **vers** de terre vivent dans la terre.

verger n. m.
Un **verger** est un terrain planté d'arbres fruitiers.

vérifier v.
[je vérifie, il vérifie, nous vérifions]
Quand tu **vérifies** une chose, tu t'assures qu'elle est correcte. *Lola vérifie l'orthographe d'un mot dans son dictionnaire.*

vérité n. f.
La **vérité** est ce qui est vrai. *Dire la vérité.*
Contraire : **mensonge**

verre n. m.
1. Le **verre** est une substance dure et transparente. Les fenêtres et les bouteilles sont en **verre**. Le **verre** est fragile ; il se casse facilement.
2. Un **verre** est un récipient en verre dans lequel on met des liquides pour les boire. *Daniel a versé du jus d'orange dans son verre.*

vers prép.
Vers signifie dans la direction. *Andréa court vers le château.*

verser v.
[je verse, il verse, nous versons]
Quand tu **verses** un liquide, tu le fais couler d'un récipient que tu inclines.

vert n. m.
Tu obtiens du **vert** en mélangeant du bleu et du jaune.

vert, verte adj.
Les plantes sont de couleur **verte**.
● *Voir* **les couleurs** *à la page 28*

veste n. f.
Une **veste** est un manteau court.

vêtement n. m.
Tu portes des **vêtements**, comme une chemise, des chaussettes et un pantalon.

vétérinaire n. m.
Un **vétérinaire** est une personne qui soigne les animaux.

viande n. f.
La **viande** est la chair des animaux que l'on mange. Le porc, le bœuf et le poulet sont des sortes de **viandes**.

vide adj.
Ce qui est **vide** ne contient rien.
Contraire : **plein**

vider v.
[je vide, il vide, nous vidons]
Quand tu **vides** une chose, tu enlèves tout ce qu'il y a dedans.

vie n. f.
1. La **vie** est le fait de vivre.
2. Une **vie** est l'espace de temps depuis la naissance d'une personne jusqu'à sa mort. *Mon grand-père a eu une vie longue et intéressante.*

vieil, vieille, vieux adj.
1. Une personne **vieille** a vécu beaucoup d'années. On dit un homme **vieux** mais un **vieil** homme.
Contraire : **jeune**
2. Une **vieille** chose a été utilisée pendant longtemps. *De vieux vêtements.*
On dit un **vieux** pantalon mais un **vieil** imperméable.
Contraire : **neuf**

vif, vive adj.
1. Une personne **vive** comprend et agit vite.
Autres mots : **alerte**, **éveillé**
2. Le rouge est une couleur **vive**.
Autre mot : **éclatant**
3. L'air **vif** réveille. Il est frais et pur.

village n. m.
Un **village** est un petit groupe de maisons et autres bâtiments à la campagne.

ville n. f.
Une **ville** est un endroit où beaucoup de gens vivent et travaillent. Les **villes** sont plus grandes que les villages. Elles comprennent des maisons, des bureaux, des écoles et des magasins.

vinaigre n. m.
Le **vinaigre** est un liquide qu'on utilise pour donner du goût aux aliments. Le **vinaigre** a un goût acide.

violent, violente adj.
1. Une personne **violente** agit sans retenue.
2. Un orage **violent** est un gros orage qui peut causer des dommages.

violet n. m.
On obtient du **violet** en mélangeant du rouge et du bleu.
● *Voir* **les couleurs** *à la page 28*

violon n. m.
Un **violon** est un instrument de musique à cordes. On tient le **violon** entre l'épaule et le menton et on passe un archet sur les cordes.
● *Voir* **les instruments de musique** *à la page 59*

A B C D E F G H I J K L M N O P Q R S T U **V** W X Y Z

vis n. f.
Une **vis** est une petite tige de métal pointue qui a une tête plate. Quand on visse une **vis**, elle s'enfonce en tournant.

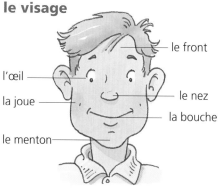

visage n. m.
Le **visage** est la partie avant de la tête. *Ma petite sœur a un visage rond.*
Autre mot : **face**

le visage

le front
l'œil
la joue
le nez
la bouche
le menton

visière n. f.
La **visière** est la partie d'une casquette située au-dessus des yeux et qui les protège de la lumière.

visiter v.
[je visite, il visite, nous visitons]
Quand tu **visites** un endroit, tu le parcours en l'examinant. *L'été dernier, j'ai visité une cathédrale.*

visiteur n. m.,
visiteuse n. f.
Un **visiteur** est une personne qui vient chez toi pour te voir ou pour passer du temps avec toi.

vitamine n. f.
On trouve les **vitamines** dans notre alimentation. On a besoin de **vitamines** pour rester en bonne santé. *Les fruits et les légumes sont riches en vitamines.*

vite adv.
Vite signifie rapidement. *Jean-Christophe marche vite. Quand on s'amuse, le temps passe vite.*

vitesse n. f.
La **vitesse** est la mesure comparant la distance parcourue et le temps mis à la parcourir. *Les guépards courent à une vitesse étonnante. La vitesse des voiliers dépend de la force du vent.*

vivant, vivante adj.
Ce qui est **vivant** est en vie.
Contraire : **mort**

vivre v.
[je vis, il vit, nous vivons]
1. Un être qui **vit** respire et son corps remplit certaines fonctions. *Un chat peut vivre longtemps s'il est bien traité.*
Contraire : **mourir**
2. Si tu **vis** dans un endroit, tu y habites. *Yannick vit à l'étranger depuis un an.*
Autre mot : **habiter**

voie n. f.
1. Une **voie** est la partie d'une route de la largeur d'un véhicule. Les autoroutes ont deux, trois et quelquefois quatre **voies** de chaque côté.
2. Les trains roulent sur une **voie ferrée**. Elle est constituée d'un ensemble de rails mis bout à bout.

voile n. f.
Une **voile** est un grand morceau de tissu attaché à un bateau. Lorsque le vent souffle dans la **voile**, le bateau avance.

voir v.
[je vois, tu vois, il voit, nous voyons, vous voyez, ils voient]
1. Quelqu'un qui **voit** est capable de reconnaître les choses avec les yeux. Les aveugles ne **voient** pas.
2. Si on dit qu'on **a vu** un ami, c'est qu'on l'a rencontré. *J'ai vu Suzie hier.*

voisin n. m., **voisine** n. f.
Un **voisin** est une personne qui habite près de chez toi. *Je tonds la pelouse de nos voisins de droite et de notre voisine de gauche.*

voiture n. f.
1. Une **voiture** est une automobile.
2. Une **voiture** est aussi n'importe quel véhicule à roues qui transporte des personnes ou des objets. Un wagon est une **voiture** de train. Une charrette est une **voiture** tirée par un cheval.
3. Une **voiture de pompiers** est une sorte de camion qui transporte l'équipement pour éteindre les incendies. *Les pompiers se rendent sur les lieux de l'incendie dans la voiture de pompiers.*

voix n. f.
1. La **voix** est l'ensemble des sons que l'on émet quand on parle ou que l'on chante. *Rosalie a une belle voix grave.*
2. Lire **à voix haute**, c'est lire pour que les autres entendent. *Jessica lit sa composition à voix haute devant la classe.*

volcan n. m.
Un **volcan** est une montagne présentant un trou (ou cratère) à son sommet. Parfois, des roches chaudes et des gaz sortent des **volcans**. *Le volcan crache du feu et des flammes.*

volée v.
Une **volée** est un groupe d'oiseaux qui volent ensemble. *Une volée de moineaux traverse le ciel.*

voler v.
[je vole, il vole, nous volons]
1. Ce qui **vole** se déplace dans l'air. Les oiseaux et les avions **volent**.
2. Voler, c'est prendre ce qui ne nous appartient pas. *Trois hommes masqués **ont volé** une fortune à la banque.*

voleur n. m., **voleuse** n. f.
Un **voleur** prend des choses qui ne lui appartiennent pas.

volontaire n. m.
Un **volontaire** est quelqu'un qui offre ses services pour faire quelque chose.

volontiers adv.
Faire quelque chose **volontiers**, c'est le faire avec plaisir.

volume n. m.
1. Le **volume** d'un son est sa force. *Baisse le **volume**, la musique est trop forte.*
2. Le **volume** d'un objet est l'espace qu'il occupe.
3. Un **volume** est un livre. *Il y a cent **volumes** dans ma bibliothèque.*

vorace adj.
Une personne **vorace** mange beaucoup, est gloutonne.

voter v.
[je vote, il vote, nous votons]
Quand on **vote** à propos d'une question, on dit si on est d'accord ou non sur celle-ci.

vouloir v.
[je veux, il veut, nous voulons]
1. Quand tu **veux** une chose, tu la désires. *Marie **veut** manger du chocolat.*
2. Vouloir faire une chose, c'est avoir l'intention de la faire. *J'ai fait tomber Maxime, mais je ne **voulais** pas lui faire mal.*

voyage n. m.
Faire un **voyage**, c'est aller dans un autre lieu, souvent assez éloigné. *Je suis allée en **voyage** à l'étranger.*

voyager v.
[je voyage, il voyage, nous voyageons]
Quand tu **voyages**, tu te déplaces d'un endroit à un autre. *Papa **voyage** beaucoup par avion pour son travail.*

voyelle n. f.
Une **voyelle** est une des lettres A, E, I, O, U et Y. Toutes les autres lettres de l'alphabet sont des consonnes.

vrai, vraie adj.
Ce qui est **vrai** n'est pas faux, ce n'est pas un mensonge. *Ce livre raconte une histoire **vraie**.*

vraiment adv.
Vraiment signifie réellement. *C'est **vraiment** arrivé, je le jure !*

vue n. f.
1. La **vue** est celui des cinq sens qui permet de voir. On voit avec les yeux.
2. La **vue** est ce que l'on peut voir d'un lieu. *La chambre a une belle **vue** sur la mer.*

3. Ton **point de vue** est ce que tu penses sur un sujet. *Je t'ai donné mon **point de vue**, maintenant à toi de me donner le tien.*

Ww

wagon n. m.
Un **wagon** est une voiture de train. Les **wagons** sont tirés par une locomotive et servent au transport de marchandises.

week-end n. m.
Le **week-end**, c'est le samedi et le dimanche. *Nous allons souvent faire du ski les **week-ends** en hiver.*

Xx

xylophone n. m.
Un **xylophone** est un instrument de musique formé d'une rangée de barres de bois. On joue du **xylophone** en frappant les barres avec deux petits bâtons spéciaux.

Yy   Zz

yacht n. m.
Un **yacht** est un
grand bateau
à voiles ou
à moteur.
*Le **yacht** file
sur le fleuve.*

yaourt n. m.
Un **yaourt** est
un liquide épais
à base de lait.
*On mange
souvent
des **yaourts**
au dessert.*
On dit aussi :
yogourt

yen n. m.
Le **yen** est la monnaie utilisée au
Japon.

yeux (voir **œil**)

yoga n. m.
Le **yoga** est une gymnastique pour
détendre ses muscles et son esprit.
*Tous les samedis, je vais à mon cours
de **yoga**.*

yole n. f.
Embarcation légère et allongée,
propulsée à l'aviron.

yo-yo n. m.
Un **yo-yo** est un jouet
que l'on fait monter
et descendre par un
fil attaché autour
de son centre.
On écrit
aussi :
yoyo

zèbre n. m.
Un **zèbre** est un animal d'Afrique,
à la robe blanche rayée de bandes
noires. Les **zèbres** ressemblent à
des chevaux et vivent en troupeaux.

zèle n. m.
Le **zèle** est l'énergie que tu mets à
faire quelque chose que tu aimes.
*Théophile fait son devoir de maths
avec **zèle**.*
Autre mot : **application**

zéro n. m.
Le **zéro** est le chiffre 0. Quand tu
retranches deux de deux, tu obtiens
zéro.

zigzag n. m.
Une ligne en **zigzag** a la forme d'un
« z ». *La route fait des **zigzags** pour
descendre de la montagne.*

zoo n. m.
Un **zoo** est un endroit où on garde
des animaux sauvages pour que les
gens puissent venir les voir. *Demain,
je vais au **zoo** avec mes cousins.*

zut interj.
Zut est un mot que l'on utilise
quand on est en colère ou déçu.
***Zut !** je suis encore en retard.*

B
C
D
E
F
G
H
I
J
K
L
M
N
O
P
Q
R
S
T
U
V
W
X
Y
Z

Les jours de la semaine

- lundi
- mardi
- mercredi
- jeudi
- vendredi
- samedi
- dimanche

Les mois de l'année

- janvier
- février
- mars
- avril
- mai
- juin
- juillet
- août
- septembre
- octobre
- novembre
- décembre

Les unités de mesure

- **la longueur**

1 millimètre (1 mm)
1 centimètre (1 cm) = 10 mm
1 mètre (1 m) = 100 cm
1 kilomètre (1 km) = 1 000 m

- **le volume**

1 millilitre (1 ml)
1 centilitre (1 cl) = 10 ml
1 litre (1 l) = 100 cl

- **le poids**

1 milligramme (1 mg)
1 gramme (1 g) = 1 000 mg
1 kilogramme (1 kg) = 1 000 g
1 tonne (1 t) = 1 000 kg

Combien y a-t-il de centimètres dans un mètre ?

Est-ce que mars vient avant mai ?

Les nombres

1	un	16	seize
2	deux	17	dix-sept
3	trois	18	dix-huit
4	quatre	19	dix-neuf
5	cinq	20	vingt
6	six	21	vingt et un
7	sept	30	trente
8	huit	40	quarante
9	neuf	50	cinquante
10	dix	60	soixante
11	onze	70	soixante-dix
12	douze	80	quatre-vingts
13	treize	90	quatre-vingt-dix
14	quatorze	100	cent
15	quinze	1000	mille

A B C D E F G H I J K L M N O P Q R S T U V W X Y Z

Réponses

page IV **L'alphabet des animaux** : castor, chenille, chimpanzé, crabe, crocodile, ours, poule.

page V **Les lettres mélangées** : agir, allô, art, bijou, cent, chiot, clou, cou, cru.

Les mots mélangés : La chatte Chatou pourchasse inlassablement le brave Fido autour du gigantesque tournesol.

Le sens exact : bulbe = 2 • mystérieux = 3 • contagieux = 2 • neveu = 1 • dessert = 3.

page VI **Le mot juste** : 1. une souris • 2. une abeille • 3. atterrir • 4. énorme, épais, grand, immense, large • 5. de la paille
6. un talent • 7. un instrument de musique • 8. déprimé, désolé, fâché, navré • 9. un cerf-volant • 10. une moto
11. une chorale • 12. une exposition.

page VII **Les mots manquants**

Un beau jour d'été, un corbeau du nom de Gaspard avait <u>soif</u> et cherchait à boire. Le <u>ruisseau</u> était à sec, et il n'y avait plus d'eau nulle part. Au loin, il aperçoit un <u>pichet</u> sur une table, dans un jardin. Il décide d'aller y voir de plus près.
— Ah ! Il y a de l'eau au fond, dit-il. Mais je ne peux pas l'<u>atteindre</u>.
Gaspard a de plus en plus soif. Il essaie alors de renverser le pichet, mais celui-ci est trop <u>lourd</u> pour lui. Soudain, il a une <u>idée</u>. Il vole vers un tas de cailloux et en saisit un dans son <u>bec</u>. Ensuite, il revient vers le pichet et y <u>lâche</u> son caillou. Il retourne en chercher un autre, puis un autre, puis encore un autre. Finalement, il met tant de <u>cailloux</u> dans le pichet que l'eau remonte jusqu'au <u>bord</u>. Il ne lui reste plus qu'à la boire.
— J'ai bien <u>travaillé</u>, et ça en valait la peine ! s'écrie alors Gaspard avec fierté.

page 72 **Mots croisés**